스무살과 서른살 사이에
20대에 알지 못하면 평생 후회하는 53가지

스무살과 서른살
사이에

| 강준린 편저 |

이 책은 사회생활을 시작하는 20대에 알지 못하면 평생 후회하는 53가지, 즉 '처세의 기술(세상을 아는 기술)'과 '말 잘하는 기술' 그리고 '일 잘하는 기술'을 소개한다.

이 세상에 혼자서 살아갈 수 있는 사람은 아무도 없다. 싫건 좋건 상관없이 주위 사람들과 어울려야 하고 사회 속에서 자신의 인생 목표를 찾아야 한다. 오늘날의 격렬한 경쟁 사회 속에서 사람들은 누구나 자신의 분야에서 가장 성공한 사람이 되고 싶어 한다. 하지만 안타까운 사실은 독자적으로 일어서기보다는 남들이 가는 길을 좇는 사람이 더 많다는 것이다. 사람마다 인생을 살아가는 목표와 방법은 서로 다를 수 있지만, 결국 처세를 잘하고 말을 잘하며 일을 잘하는 기술은 기본적으로 별반 차이가 없기 때문이다.

이 책에서 말하는 세 가지 기술에는 각각의 특징이 있다. 처세를 잘한다는 것은 곧 스스로의 생각과 능력을 통해 주위의 인간관계를 원활하게 하고 일 처리도 결함 없이 완벽하게 해낸다는 것을 뜻한다. 일을 완벽하게 해낸다는 말이 어찌 보면 비현실적인 이상처럼 여겨질지 모르지만, 머릿속에 항상 기억하고 있다면 뜻대로 이루어질 것이다. 단, 여기서 주의해야 할 점은 절대로 처세의 중요성을 등한시해서는 안 된다는 것이다. 큰일은 모두 처세 능력에서부터 시작되니까 말이다. 탁월한 처세 능력이 없다면 일을 제대로 수행하는 것은 불가능하다. 이러한 이유로 데일 카네기와 나폴레온 힐 등 유명한 성공 학자들이 책 속에서 제각각의 처세 방법을 소개했다.

말을 잘한다는 것은 언어 표현 능력이 뛰어나다는 것이다. 미국의 '인류행동과학연구소'에서는 언어 표현 능력의 중요성을 다음과 같이 언급했다.

"말을 잘하는 것은 곧 성공의 지름길입니다. 말을 잘하면 자신의 명성을 많은 사람에게 알리고 자신을 돋보이게 할 수 있으니까요. 또한 많은 사람에게 존경받고 그들로부터 적극적인 지지를 얻을 수 있지요. 따라서 말을 통해 자신의 재능과 학식을 충분히 나타낼 수 있어야 합니다. 그러면 한 가지 일을 해내도 두세 가지의 시너지 효과를 얻을 수 있어요. 다시 한 번 강조하면 성공한

사람들에게 생기는 기적의 절반은 말재주 때문에 만들어졌다고
할 수 있습니다."

일찍이 벤저민 프랭클린도 말재주와 사업은 서로 깊은 관련이
있다고 지적한 바 있다.

만일 당신이 말을 별 생각 없이 가볍게 내뱉고 별것도 아닌 일
로 다른 사람과 자주 다툰다면 말하는 방식에 문제가 있는 것이
다. 그리고 그런 문제가 계속해서 지속된다면 당신은 사람들과
어울리기도, 다른 사람과 함께 일하기도 힘들 것이며 다른 사람
의 도움을 받는 일 또한 더욱 어려워질 것이다. 이 책은 다양한
사례를 통해 말하는 방식이 사회적인 성공에 얼마나 지대한 영향
을 끼치는지 알려준다.

이처럼 처세의 기술과 말하는 기술, 또 일을 잘하는 기술은 서
로 유기적으로 맞물려 있다. 이 세 가지는 하나가 앞서면 자연히
하나가 뒤따르는 순환과정이라고 할 수 있다. 따라서 성공하고
싶다면 이 세 가지 모두에 능숙해야 한다. 인생의 기초를 다지는
20대에 이 세 가지를 자신의 것으로 만든다면 성공은 당신의 것
이 될 것이다.

Chapter 1

처세의 기술_ 사람의 마음을 얻어라

001 자신의 감정을 조절하라 013

002 좋은 인상을 심어주어라 019

003 부탁할 때의 마음가짐 025

004 도움을 청할 때 주의할 점 032

005 다른 사람의 장점을 파악하라 038

006 충고를 겸허히 받아들여라 040

007 친구를 사귀는 방법 046

008 교제의 융통성 051

009 좋은 친구를 사귀어라 057

010 친구와의 마찰을 해결하는 방법 061

011 매력적인 성격이란? 066

012 부드럽게 거절하는 법을 배워라 073

013 솔직하게 칭찬하는 방법 076

014 고민을 해소하는 방법　　　　　　　　　　　080

015 인기 관리의 다섯 가지 비결　　　　　　　　084

016 성공한 사람에게는 조력자가 많다　　　　　088

Chapter 2

말 잘하는 기술_ 설득하는 법을 배워라

017 순서대로 천천히 설득하라　　　　　　　　　093

018 설득의 4단계　　　　　　　　　　　　　　097

019 핑계거리를 만들어 모면하라　　　　　　　　102

020 비난에 대처하는 방법　　　　　　　　　　　106

021 우회적으로 표현하라　　　　　　　　　　　110

022 대답하지 않을 수 없는 문제　　　　　　　　113

023 설득하는 방법　　　　　　　　　　　　　　116

024 겸손을 표현하는 네 가지 방법　　　　　　　121

025 상처 주는 말을 하지마라　　　　　　　　　126

026 남을 기쁘게 하려면 어떻게 말해야 하는가　　131

027 잡담에도 수준이 있다　　　　　　　　　　　135

028 잡담을 잘하는 기술   140

029 말을 잘하는 비결   146

030 생동감 있게 표현하라   151

031 'No' 라고 말하는 방법   155

032 상대의 마음을 여는 웃음의 힘   163

033 위로하는 방법   166

034 종종 '미안하다'고 말하라   172

035 심리적 문제의 피드백 극복하기   175

036 칭찬은 시원시원하게 하라   179

Chapter 3

일 잘하는 기술_ 모든 일을 정확히 처리하라

037 성공적인 삶의 자세   185

038 지도자가 될 것인가, 추종자가 될 것인가?   189

039 분노를 다스리는 방법   193

040 성공하기 위한 세 가지 조건   197

041 절대 포기하지 않기   201

042 즉시 행동하라　205

043 직업을 선택할 때 주의해야 할 점　209

044 항상 멀리 바라보는 시각을 가져라　214

045 성공하려면 철저한 준비와 계산이 필요하다　218

046 첫걸음을 내딛는 일　225

047 똑똑한 사람이 오히려 실패하는 이유　228

048 남들이 하지 않는 일을 하라　231

049 자신을 표현하는 기술　235

050 친구와 경쟁하는 방법　239

051 능동적으로 이야기하라　242

052 상사에게 의견을 제시하는 원칙　244

053 유명 인사와 사귀는 방법　248

Chapter 1

처세의 기술

사람의 마음을 얻어라

당신이 인생에서 어떤 직업을 선택하고
어떤 자리에 오르는가는 중요하지 않다.
가장 중요한 것은 '어떤 사람이 되는가' 이다.
세상 모든 일이 그렇듯
처세 또한 처음에 기반을 닦기가 가장 어렵다.
생각보다 많은 사람이 처신을 잘못하는 바람에
인간관계에서 실패를 경험한다.
처세는 사람의 마음을 얻는 일과 직결되어 있으며,
오늘날의 사회에서 성공과 직결되는 중요한 요소이다.

001 자신의 감정을 조절하라

처세는 인생의 승리와 패배를 결정짓는 하나의 지혜라고 할 수 있다. 여기서는 처세의 여러 가지 방법 가운데 하나인 '감정 조절'에 대해 이야기해보고자 한다.

처세에 능하려면 기본적으로 심리적 소양이 필요하다. 여기서 말하는 심리적 소양이란 자신의 감정을 잘 조절하는 능력을 말한다. 즉, 여러 가지 다른 환경에 처했을 때나 서로 다른 사람과 만났을 때 잘 적응할 수 있는가 하는 문제다. 만약 문제가 생겨도 당황하지 않고 갑작스러운 변화 앞에서도 화를 내거나 불만을 갖지 않는다면, 다시 말해 상황의 변화에 따라 자신의 감정을 조절할 수 있다면 오늘날과 같이 복잡한 사회 속에서도 무난한 생활을 이어갈 수 있을 것이다.

감정을 조절하고 행동을 절제하는 것은 사회와 집단에서 매우 중요한 문제다. 만약 화가 나서 문을 닫아버리거나 유리잔을 깨뜨려 산산조각을 내거나 울부짖으며 한바탕 소란을 피우는 등 하지 말아야 할 실수를 저질렀다면, 주변 사람들은 과연 어떤 느낌이 들까? 혹 아무것도 아닌 일에 걸핏하면 화를 내지는 않는가? 화를 내는 것이 생활의 일부라고 느껴져 더 이상 아무런 자각을 못하고 있지는 않은가? 어쩌면 당신은 다음과 같은 변명을 늘어놓을지도 모르겠다.

'아니, 사람이니까 화를 내는 게 당연하지 않습니까. 화를 참고 담아두기만 하면 오히려 병이 된다고요.'

설령 진짜로 화를 참아서 병이 난다 해도 쉽게 화를 내는 자신의 모습에 만족스러움을 느끼는 사람은 없을 것이다. 본인도 만족하지 못하는 모습이라면 남들의 시선은 더 말할 것도 없다.

기쁨과 슬픔의 감정이 그러하듯 분노 역시 아무런 이유 없이 생기는 것은 아니다. 한 사람이 가지는 사생활의 결과물인 것이다. 누구나 하고 싶지 않은 일을 해야 할 때, 일이 뜻대로 풀리지 않을 때는 크게 실망하기도 하고 충동적인 행동으로 상황을 더욱 악화시키기도 한다. 그러나 결과적으로 보면 실망과 분노로 인한 분별없는 행동은 상황 해결에 아무런 도움이 되지 않으며 오히려 마음 건강에 해를 끼칠 뿐이다.

때때로 아침에 막 잠에서 깨어났는데 백만장자라도 된 듯 기분이 좋은 날이 있다. 그러나 그 순간 실패했던 옛 경험이나 기분 나쁜 일을 떠올리면 단 1분도 안 되는 찰나에 감정이 확 뒤바뀌어 버린다. 이럴 때는 백만장자는커녕 단 한 푼도 가진 것 없는 거지처럼 씁쓸한 기분이 들 것이다. 어떤 사람이 남들보다 뛰어난 통찰력이나 선견지명이 있다고 가정하자. 하지만 그의 민감한 부분을 건드리면 사물을 꿰뚫어보는 그의 통찰력이나 미래를 내다보는 선견지명은 한순간에 종적도 없이 사라지고 말 것이다. 즉, 머릿속이 온통 감정으로 가득 차 이성과 지혜는 순식간에 침몰해버리는 것이다.

당신은 살면서 흔히 마비와 불면, 피로, 좌절, 부담, 한탄과도 같은 감정을 느낀 적이 있을 것이다. 그리고 할 일이 산더미같이 쌓였는데 하고 싶지 않거나 어떤 일을 해도 능률이 오르지 않고 열정이나 의욕도 생기지 않는 기분을 경험해 본 적이 있을 것이다.

그런 감정에 빠질 때마다 당신이 반드시 기억해야 할 것이 있다. 기분 나쁜 감정이 생기지 않도록 막을 수는 없어도 '멈출 수는 있다'는 것이다. 《당신의 실수》의 저자는 다음과 같이 말했다.

"당신은 반드시 자신의 감정에 책임을 져야 합니다. 왜냐하면 감정은 당신이 가진 생각에서 우러나기 때문입니다. 당신이 어떻게 생각하느냐에 따라 모든 감정은 바뀔 수 있습니다. 무엇보다 먼저 생각해봐야 할 문제는 '분노와 불만, 우울함과 같은 부정적인 감정이 도대체 무슨 이득을 줄 수 있는가?' 입니다. 그다음으로는 어떤 생각이 화를 불러일으켰는지 그 원인을 되짚어보아야 할 것입니다."

어떤 강사가 애주가들 앞에서 술의 해로움에 대한 강의를 했다. 강사는 똑같은 모양의 유리병 두 개를 준비해서 각각의 병에 투명한 액체를 담고는 한쪽 병에 담긴 투명한 액체는 생수이고 다른 하나는 청주라고 말했다. 모두가 지켜보는 가운데 강사는 작은 벌레를 생수가 담긴 병에 집어넣었다. 벌레는 한참을 생수의 위아래로 헤엄쳐 다니다가 입구 쪽으로 기어 올라왔다. 이때 강사가 벌레를 꺼내 이번엔 청주가 담긴 병에 넣었다. 그러자 벌레는 몇 번 헤엄치지도 못하고 죽어버렸다. 여기서 청주는 분노와 같다. 사람도 맑은 물에서는 위아래로 자유롭게 놀 수 있지만 분노 속에서는 꼼짝도 못하고 죽어버리고 마는 것이다.

의도했건 안 했건 누군가 당신의 예민한 곳을 건드렸다고 앞뒤 생각하지 않고 화부터 낸다면 사람들이 당신에게 좋은 인상을 가질 수 있을까? 사람들이 당신의 의견을 따라준다고 거만하게 행동하면 계속해서 당신의 의견에 찬성해줄까? 만약 아무 때나 화를 내고 감정을 조절하지 못한다면 사람들은 당신을 '어린애'라고 생각할 것이다.

감정의 조절은 분노라는 부정적인 감정에만 해당하는 문제가
아니다.

다음 A 씨의 이야기를 보자.

어느 토요일 A 씨는 부동산 중개인과 약속을 잡았다. 근래 A
씨의 회사는 날로 번창해서 조금 더 넓은 곳으로 옮기려고 사전
에 여러 번 만나 중개인에게 매물을 소개받았다. 토요일의 약속
은 마지막으로 서류에 서명을 하기 위해서였다. 약속 시간이 되
자 부동산 중개인이 새로 옮길 회사 부지와 관련된 여러 가지 자
료를 다시 준비해왔다. 계약이 성사된 것과 다름없는 상황에서
중개인이 가져온 다양한 자료를 본 A 씨는 그의 노력에 감동하며
감사를 표했다. 그런데 서명을 하려는 순간, 중개인은 치명적인
실수를 저지르고 말았다. 큰 계약을 성사시켰다는 기쁨에 중개인
은 부동산 세일즈에 대한 성공담을 이야기하면서 그 예로 A 씨의
경쟁사를 든 것이었다. 경쟁사도 최근 회사를 옮겼는데 그 사장
이 안목이 있어 자신을 믿었고 또 탁월한 선택을 했다는 등 칭찬
은 끊이지 않았다. 그 순간 A 씨는 서명을 하려다 멈추고 중개인
에게 말했다.

"여기까지 와주셔서 감사합니다. 그런데 아직은 회사를 옮기고
싶지 않네요."

중개인은 돌연 당황했다. 거의 체결된 계약인데 갑자기 A 씨의 생각이 바뀌었으니 당연했다. 영문도 모른 채 사무실을 나서는 중개인에게 A 씨는 말했다.

"아시는지 모르겠습니다마는 우리 회사도 최근 상황이 무척 호전되고 있습니다. 각 부서별로 여러 가지 독창적인 아이디어가 많아서 똑같이 남의 뒤나 밟지는 않거든요."

이 중개인은 가장 중요한 시기에 자신의 기쁜 감정을 조절하지 못하는 바람에 일을 그르쳤다. 오직 자신의 성공담을 과시할 생각에 상대의 기분을 배려하지 못했던 것이다. 이처럼 자신의 감정을 조절하는 것은 사업의 성공 여하에도 큰 영향을 준다.

002 좋은 인상을 심어주어라

누구나 사람을 만나기 전에 미리 머릿속으로 상대의 직업과 사회적 지위 등을 바탕으로 그의 성향을 파악한다. 예컨대 정치가를 만난다면 끊임없이 탁상공론을 늘어놓을 것이라고 예상하고, 세일즈맨을 만난다면 판매하는 물건이 얼마나 좋은지에 대해 계속 이야기할 거라고 생각하는 것이다. 그런데 정작 상대를 만났을 때 자신의 예상과는 다르게 행동한다면, 즉 정치가가 집 앞 정원에서 독서하는 재미에 대해 즐겁게 이야기하고 세일즈맨이 판매 중인 물건의 단점을 지적한다면 십중팔구 그에게서 진실함을 느끼고 믿음을 가질 것이다. 이처럼 평상시 주변 사람들에게서 진실한 인상을 남기는 것은 사회적으로 매우 유리하다. 그렇다면 어떻게 해야 다른 사람에게 진실하다는 인상을 심어줄 수 있을까?

첫째, 자주 '미소'를 지어라

뉴욕에서 열린 어느 파티에 초대된 손님 가운데 막대한 유산을 받은 부인이 있었다. 그녀는 모든 사람에게 좋은 인상을 심어주고 싶어서 모피코트를 입고 다이아몬드와 진주로 자신의 몸을 화려하게 장식했다. 다른 사람들이 자기를 온화하고 점잖으며 귀티가 난다고 생각하게 만들고 싶어서였다. 그러나 그녀는 자신의 이기적이고 도도한 표정에는 전혀 신경 쓰지 않았다. 사람들이 겉치장보다 표정을 더 중요시 여긴다는 사실을 몰랐던 것이다.

행동이나 표정은 때론 말보다 더 풍부한 표현력을 갖는데, 미소는 더욱 그렇다. 만약 '당신을 만날 때마다 기분이 좋아요'라고 말하면서도 정작 미소가 억지스럽다면 보는 사람은 금세 당신의 진심을 알아차리고 불편해할 것이다. 진정한 미소란 마음속에서 우러나는 진심으로 다른 사람이 따뜻하다는 느낌을 받게 하는 것이다. 진정한 미소만이 진실한 인상을 심어줄 수 있는 것이다.

뉴욕의 한 대형 백화점 지배인은 직원 고용에 있어서 미소의 중요성을 다음과 같이 설명했다.

"대학을 졸업하지 않아도 달콤한 미소를 짓고 있는 사람이라면 우리는 즉각 채용합니다. 그러나 아무리 똑똑한 박사라도 얼굴을 찡그리고 수심에 가득 찬 표정을 한 사람은 채용하기 힘들지요."

만약 마음속에서 미소가 우러나오지 않는다면 어떻게 할까?

먼저 스스로 웃는 모습을 연습해보면 좋을 것이다. 혼자 있을 때 휘파람을 불거나 콧노래를 불러보는 것도 좋은 방법이다. 19세기 말, 20세기 초 유명한 심리학자이자 하버드 대학의 교수 제임스 는 다음과 같이 말했다.

"행위는 대체로 감정에서 생기지만 사실 행위와 감정은 서로 영향을 주고받는 것입니다. 행위를 제약하는 것은 의지이지 감정 이 아닙니다. 따라서 우리는 의지로 감정을 조절할 수 있습니다. 그러면 다른 사람에게 좋은 인상을 주고 본인 스스로도 분명 정 신적으로 긍정적인 자극을 받을 것입니다."

이처럼 언제나 미소 짓는 얼굴로 다른 사람을 대한다면 당신은 항상 진실한 사람으로 기억될 것이다.

둘째, '관심'을 표현하라

주변 사람들에게 진실한 마음으로 관심을 보이는 사람과는 두 어 달을 만났다면 무신경한 사람과 2년을 만난 것보다 더 깊은 우 정을 쌓을 수 있다. 그러나 대다수의 사람들은 누구나 다른 사람 의 관심을 받기 바랄 뿐 스스로 먼저 그들에게 관심을 갖지 않고 자신에게만 관심을 쏟는다.

뉴욕 전화국에서 통화 내용 가운데 가장 사용 빈도가 높은 단 어를 조사해보았다. 조사 방식은 사람들의 통화 내용을 바탕으로 통계를 내는 것이었는데, 가장 많이 쓰인 단어는 다름 아닌 '나'였다. 5백 통이 넘는 통화에서 3천9백 번은 '나'라는 말을 사용한다는 것이다. 여러 사람과 함께 찍은 사진을 볼 때 시선이 가장 먼저 가는 곳이 어디인지 생각해보라. 전화국의 조사처럼 역시 자기 자신인 '나'일 것이다. 당신도 자신에게 관심이 많다고 생각한다면 다음 질문에 답해보라.

'당신이 오늘 죽는다면 장례식에 몇 명이나 와줄까?'

당신은 자신 있게 몇 명 이상이라고 대답할 수 있는가? 떠오르는 사람이 별로 없다면 당신은 오직 남들에게 관심을 '요구하기만 하는' 사람이다. 이런 사람이라면 어떠한 경우라도 진실하고 진정한 벗을 찾기란 어려울 것이다. 진정한 벗이란 자기에게만 신경 쓰는 사람이 아니기 때문이다.

한 유명한 마술사는 반평생 동안 세계 각지를 다니며 사람들에게 마술을 보여주었다. 그의 놀라운 마술 솜씨는 사람들을 매혹시켰고 수만 명의 사람이 공연을 보기 위해 몰려들었다. 그 당시 한 기자가 마술사에게 성공 비결을 묻자 그는 이렇게 대답했다.

"시중에 나와 있는 마술 관련 서적은 이미 수만 권이 넘습니다. 그 많은 책을 다 읽은 사람이 단지 저뿐만은 아닐 것입니다. 풍부한 마술 지식이 아닌 저만의 성공 비결은 바로 두 가지입니다.

첫째는 무대 위에서 공연을 잘한다는 것입니다. 저는 무대 위에 오르면 사람들의 본성을 쉽게 파악할 수 있습니다. 마술을 할 때의 손동작과 말투, 미소 등 모든 행동은 관객을 위해 세밀하게 연구했습니다.

두 번째는 관중에 대한 관심과 애정입니다. 대부분의 마술사는 관중을 볼 때 마음속으로는 그들을 비웃고 있지요. 자기의 마술에 쉽게 속아 넘어가는 관중이 바보 같다고 생각하고 있는 것입니다. 그러나 저는 조금 다른 생각을 가지고 마술을 합니다. 저기 앉아 있는 관중들이 없었다면 내가 지금 여유로운 생활을 하지 못했을 거라는 생각에 감사하는 마음을 갖고 있는 것이죠. 그렇게 감사하는 마음으로 매번 무대에서 최선을 다합니다.”

셋째, 솔직함을 보여주며 ‘믿음’을 얻어라

홍콩의 한 제약 회사가 새로운 약품을 신문에 광고했는데 가장 아랫부분에 ‘물론 심각한 병은 의사와 상담해야 함’이라고 썼다. 얼핏 보면 터무니없는 말같이 보일지도 모르겠다. 만병통치약이라고 선전해도 판매를 보장하지 못할 상황에, 이 문구는 오히려 자신감이 결여된 것처럼 보이기 때문이다. 그러나 제약회사는 결과적으로 그 솔직한 문구를 통해 소비자들의 마음을 사로잡는데 성공했다. 진실한 광고 문구로 효과의 범위를 분명하게 명시함으로써 사람들의 믿음을 얻어낸 것이었다.

mentor ● 진실한 미소와 관심, 믿음이야말로 다른 사람에게 좋은 인상
을 심어주는 최고의 경쟁력이다.

003 부탁할 때의 마음가짐

다른 사람에게 부탁하려면 적당한 시기를 골라야 한다. 다시 말하면 부탁해야 하는 사람이 시간적, 정신적으로 여유가 있는지를 우선 파악해야 한다는 말이다. 상대가 여유가 있을 때, 한가로울 때 부탁한다면 긍정적인 대답을 얻을 확률이 높기 때문이다. 그러나 상대가 심리적으로 불안한 상태라면 당신의 부탁은 짜증나고 귀찮은 일이 될 것이다. 바쁠 때도 마찬가지다. 따라서 부탁할 때는 상대방의 상황을 여러모로 잘 살핀 후 말을 꺼내야 한다. 진심을 담아 간절히 부탁하면 분명히 상대의 마음을 움직일 수 있을 것이다.

한 부서에서 중대한 프로젝트를 맡게 되었다. 상부의 관심이 쏠린 가운데 부서 내 대부분의 직원은 능동적으로 나서서 맡은 일을 시작했다. 그런데 몇몇 직원은 잔뜩 여유를 부리며 맡은 업무를 전혀 하지 않았다. 부장이 여러 번 주의를 주었음에도 그들은 도무지 일할 기미를 보이지 않았다. 일을 돕기는커녕 오히려 전체적인 분위기를 해치고 있었던 것이다. 결국 부장은 애를 태우다 그들을 사무실로 불렀다.

"여러분께 마지막으로 부탁하고 싶습니다. 대부분의 직원이 열심히 일을 하고 있습니다만, 여러분이 조금만 더 협력을 해주신다면 크게 도움이 될 것 같습니다. 마지막으로 부탁드리겠습니다!"

놀랍게도 부장의 말이 끝나자마자 시종 비협조적인 태도를 보이던 직원들은 그의 간곡한 말에 열심히 해보겠다고 말하고는 자리로 돌아가 각자 맡은 업무에 집중하기 시작했다. 이처럼 절실한 진심과 인정이 담긴 한마디가 오랜 시간에 걸쳐 여러 말을 하는 것보다 훨씬 큰 설득력을 갖는 법이다.

사람들 사이에서 인정은 매우 중요하다. 위의 직원들은 자신들이 그의 말을 따라주어야 상사인 부장의 체면이 설 수 있으니 '돕는다' 고 생각한 것이다. 친구에게 부탁할 때도 이 같은 방법이 효과적이다. 먼저 진실한 태도로 마음을 움직인 다음 상황을 설명해야 한다. 가급적 구체적으로 일의 전후 관계와 이해관계를 분명히 알리는 것이 좋다. 또한 본인이 부득이하게 일을 처리할 수 없는 경우 상대에게 그 사정을 자세히 말해주어야 한다. 이때 부탁하는 사람의 진실한 마음은 말로 표현하면 할수록 좋다. 당신의 태도가 진실할수록 부탁을 받은 사람은 거절하기 힘들기 때문이다.

또한 부탁에는 뚜렷한 목적이 있어야 한다. 해내면 좋고 아니면 말라는 식의 안일한 태도는 부탁을 받은 사람으로 하여금 그 일을 맡아서 하고 싶은 의욕을 생기게 하지 않는다. 만약 부탁한 일이 제대로 성사되지 않았다면 부탁을 한 사람이나 받은 사람 모두 곤란한 상황에 처할 것이다. 그러나 만약 부탁한 일이 크게 어렵지 않고, 뚜렷한 목적이 있으며, 눈에 보이는 성과가 금방 나타나는 일이라면 당신은 친구에게 감사의 뜻을 표현할 수 있다. 친구라 해도 서로 다른 성격을 가지고 있기 때문이다. 따라서 우정을 바탕으로 한 관계도 서로의 진심이 느껴져야만 결정적인 순간에 도움을 줄 수 있다.

세상 사람들의 성격은 천차만별이다. 어떤 사람은 말이 없지만 깊이 생각할 줄 알고, 어떤 사람은 활발하고 상냥하며, 또 어떤 사람은 솔직해서 하고 싶은 말을 거침없이 한다. 깊이 생각할 줄 아는 사람은 성실하고 단정하다는 장점이 있고, 활발한 사람은 순수함을, 솔직한 사람은 진실함을 지니고 있다. 이처럼 세상 모든 사람이 저마다 다른 개성의 밑바탕에 공통적으로 가지고 있는 것이 바로 성품이다. 그것이 바로 진실함인 것이다.

진실은 거짓말을 하지 않고 남을 속이지 않는 것이 기본이다. 그러나 복잡한 현대사회 속에서 진실과 거짓에 대한 구별은 목적에 따라 달리 적용될 수 있다. 의사의 경우를 예로 들어보자. 의사들은 환자의 병을 치료해서 고통을 덜어주기 위해 노력한다. 최선을 다해 의술을 펼치지만 오히려 병세가 악화될 수도 있다. 이런 상황에서 의사는 회복 기미를 보이지 않는 환자에게 '괜찮다', '곧 나을 것이다' 라는 거짓말을 한다. 그래야만 환자가 스스로 희망을 가지고 건강을 되찾기 위해 노력하기 때문이다. 이때 의사의 말은 거짓이 아니라 환자를 살리는 지혜가 담긴 진실이다.

일본의 최고 경영자인 코이케는 진실에 대해 다음과 같이 말했다.

"사람됨도 사업하는 것과 같습니다. 첫 번째 비결은 바로 성실인데, 성실은 나무의 뿌리와도 같아서 뿌리가 없는 나무는 생명을 생각할 수 없습니다."

이것은 곧 자신의 성공 비결을 요약한 말이기도 했다. 그는 가난한 가정에서 태어나 스무 살에 기계 부품 판매원으로 입사했는데, 입사하고 얼마 지나지 않아 33명의 고객을 만들어 높은 판매량을 올렸다. 그런데 어느 날 자신이 판매하고 있는 회사의 제품과 똑같은 제품이 다른 회사에서 더 싼 가격에 출시되고 있다는 소식을 들었다. 같은 성능인데 다른 회사의 제품이 더 싸니 고객들이 이 사실을 알게 되면 자신의 신용이 땅에 떨어질 게 분명했다. 코이케는 곧장 계약금과 계약 서류를 들고 사흘 내내 고객들을 찾아 다녔다. 고객들을 만나 사실에 대해 설명한 뒤 다른 회사의 제품을 사고 자기와는 계약을 파기하라고 권유했다. 그의 진실한 말과 행동은 고객들을 감동시켰고, 33명의 고객 가운데 계약을 파기한 사람은 단 한 명도 없었다. 고객들은 오히려 코이케의 진실함을 높이 사고 그를 전보다 깊이 신뢰하게 되었다. 이처럼 진실함은 사람의 마음을 움직이는 매력을 가지고 있다. 마치 자석처럼 사람을 끌어당기는 강한 힘이 있는 것이다. 코이케는 '진실함'이라는 강한 자석으로 사람들을 사로잡아 날마다 주문이 쇄도했고 훗날 최고의 세일즈맨으로 성공할 수 있었다.

대부분의 사람들은 친구를 사귈 때 그가 진실함을 가진 사람인지를 먼저 살펴본다. 어떤 부자가 이를 시험해보고 싶어 주변 사람들에게 자신이 심각한 병을 앓고 있다고 거짓말을 했다.

"많은 사람이 나를 보러 왔지요. 그렇지만 그 가운데 대부분이 문병을 온 게 아니라 유산 분배에 관심이 있어서 왔다는 걸 알았습니다. 무엇보다 제 친척들이 심했습니다. 평소에 친하게 지냈던 친구들도 왔지만 그들 역시 나를 걱정해서라기보다 남의 불행을 구경하는 마음으로 온 것이더 군요."

그의 말을 보면 어느 누구도 그에게 진심이 없는 듯하다. 우리에게도 그처럼 다른 사람의 진심을 시험해보고 싶어 하는 마음이 있다. 자기 스스로는 다른 사람에게 진실함이 있는지는 돌아보지 않으면서 말이다. 우리는 남을 위하려는 마음을 갖기보다 남들이 자기를 위해주기를 먼저 바란다. 이기적인 태도를 고수하며 남을 위해 하는 일에는 몇 번이고 생각하며 손익을 따져보는 것이다. 그러나 이런 생각은 올바르지 못하다. 이기적인 생각과 태도를 마음의 바탕에 가지고 있는 사람은 누구에게도 도움을 줄 수도, 받을 수도 없다.

그렇다면 도움을 청할 때 어떤 생각과 태도가 유리한지 살펴보자. 누군가에게 도움이나 부탁을 바랄 때는 단정한 태도를 보여야 하며, 특히 말투에 신경을 써야 한다. 거만한 태도는 금물이다. 공손한 말투로 조언을 구하듯 말하는 것이 가장 중요한데 다음 예를 참고해보자.

"실례합니다만 지나가도 될까요?"

"미안합니다, 제가 참기 힘들어서 그러는데 담배를 꺼주시겠습니까?"

"언제 저와 테니스 시합을 한번 하실 수 있는지요?"

"저도 힘들어서 어떻게 해야 할지 모르겠어요. 이런 부탁을 할 분이 당신밖에 없네요."

아마 당신의 이런 공손한 부탁을 모른 체하거나 무시할 사람은
단 한 명도 없을 것이다.

004 도움을 청할 때 주의할 점

다른 사람과 함께하는 일에서는 무엇보다 상대의 심리 상태를 잘 파악해야 한다. 상대에게 도와줄 의향이 있는지 없는지, 있다면 어느 정도의 도움을 받을 수 있는지를 가늠해야 한다. 만약 상대가 아무 일도 도와줄 수 없다면 아무리 도움을 청해도 헛수고일 뿐이다.

우리는 무의식중에 나타나는 상대의 행동을 통해 그 사람의 심리 상태를 알 수 있다. 즉, 상대의 말을 듣는 것보다 행동을 관찰하는 것이 진실한 의사를 알 수 있는 분명한 방법이 될 수도 있다는 것이다. 예를 들어 상대가 팔짱을 끼고 있다면 고민 중이라는 뜻이고, 머리를 감싸 쥐고 있다면 뚜렷한 해답을 찾지 못했음을 뜻한다. 고개를 푹 숙이고 길을 걷거나 발걸음이 무거워 보인다면 무언가에 의해 낙담하고 있다는 뜻이다. 또한 가슴을 펴고 고개를 세우며 밝은 목소리로 이야기한다면 자신감에 가득 차 있음을 알 수 있다. 한마디도 하지 않고 손을 꽉 쥐고 있으면 할 말이 있지만 어떻게 해야 할지 몰라 망설이고 있다는 의사 표현일 것이다. 자신감이 넘치는 사람들은 상대방의 이야기를 들을 때 상체를 상대방 쪽으로 숙인 채로 듣는다. 이들은 몸을 숙이고 상대의 말에 최대한 경청하며 적절한 타이밍에 호응한다. 반면 대화하는 내내 다리를 세게 떤다면 심리적으로 불안한 상태에 있음을 알 수 있다. 물론 어떤 부탁을 하기 위해 상대의 기분을 알아야 할 경우 가만히 앉아서 살펴보기만 해서는 안 된다. 자신이 먼저 적극적으로 살펴보며 상대의 생각을 정확하게 읽어야만 도움을 받을 수 있다.

다음은 상대에게 도움을 청할 때 주의해야 할 몇 가지 사항이다.

첫째, 성별을 고려하라

남자에게 부탁할 때는 강한 목소리로 힘 있게 말하는 것이 효과적이며 여자에게는 보다 온화한 태도를 유지하는 것이 유리하다.

둘째, 나이에 맞게 이야기하라

젊은 사람에게 부탁할 때는 그 스스로 용기와 자신감을 가질 수 있도록 말해야 하고 중년에게는 이익과 손해에 대해 분명히 설명해야 한다. 또한 그들이 고민할 시간을 주어야 한다. 노년층에게는 상의하는 듯한 말투를 사용하는 것이 좋다. 무엇보다 최대한 존중의 태도를 보여주는 것이 중요하다.

셋째, 지역을 파악하라

생활환경이 다른 지역의 사람이라면 부탁할 때도 색다른 방법으로 하는 것이 좋다. 즉, 상대방이 사는 지역의 특색이나 그 지역 사람들의 개성 등을 잘 파악하고 이야기하는 섬세함이 필요하다.

넷째, 직업의 지식을 활용하라

상대의 직업과 관련된 전문 지식을 이용해서 이야기를 시작하면 보다 친밀한 관계를 맺을 수 있다. 둘 사이에 공감대가 형성되어 당신에 대한 믿음이 더욱 커지기 때문이다. 즉, 친해질 수 있는 화제로 이야기를 시작하는 게 좋다.

이와 같이 도움을 청할 때는 다양한 환경과 조건에 따라 적절한 방법을 선택해야 한다. 그래야만 당신이 부탁하는 일의 목적을 달성할 수 있다.

일을 부탁하는 데도 순서가 있다. 일에 몰두하는 사람은 성취감이 강하거나 그 일에 대단히 흥미를 갖고 있는 사람이다. 한 번 일을 시작하면 시간을 금덩이처럼 아까워하기에 사소한 실수도 반복하지 않도록 항상 철저하고 꼼꼼하게 처리한다. 당신이 만약 이런 사람에게 무언가 부탁하려면 우선 인내심을 가져야 한다. 또한 부탁해야 할 최적의 상황을 잘 살펴야 한다.

천재화가 피카소의 아들은 이 점을 잘 알고 있었다. 피카소의 아내 프랑스아즈 질로는 그림에 관심이 많았다. 그녀가 한 번 화실에 들어가면 그 누구도 그녀를 화실 밖으로 나오게 할 수 없었다. 어느 날, 그녀의 어린 아들 클로드가 엄마와 놀고 싶은 마음에 화실 문을 두드렸다. 그런데 프랑스아즈 질로는 모든 신경을 그림에 쏟고 있었기에 아들이 부르는 소리도, 문을 두드리는 소리도 듣지 못했다. 클로드가 계속해서 문을 두드리자 그제야 프랑스아즈 질로는 "응!" 하고 건성으로 대답하고는 여전히 그림에 몰두했다. 엄마의 대답을 듣고 한참을 기다린 클로드는 문이 열리지 않자 다시 큰 소리로 외쳤다.

"엄마, 사랑해요!"

"엄마도 너를 사랑한단다, 아가야."

프랑스아즈 질로는 문을 열지 않은 채 아들의 말에 대답했다. 그러자 클로드는 또 다시 외쳤다.

"엄마의 그림도 사랑해요."

"고맙다, 내 아들. 너는 엄마의 천사란다."

그녀는 아들의 칭찬에 기쁜 마음으로 말했다.

"엄마, 엄마의 그림은 정말 멋져요."

순간 프랑스아즈 질로는 붓을 놓고 아무 말도 하지 않았다.

"엄마, 아빠가 그린 그림보다 엄마가 그린 게 훨씬 더 멋져요."

물론 그녀는 알고 있었다. 남편인 피카소의 그림이 자기의 것과는 비교할 수 없다는 것을 말이다. 그러나 아들의 말 한마디, 한마디는 그녀의 마음속 깊이 파고들었다. 아들의 말에서 엄마와 함께 놀고 싶어 하는 절실한 심정을 느낄 수 있었던 것이다. 드디어 화실 문이 열렸고, 프랑스아즈 질로는 아들을 힘껏 껴안아주었다.

부탁을 잘하는 사람은 무엇보다 예의를 중요시한다. 그들은 예의에 벗어나고 상황에 맞지 않는 말이 다른 사람에게 상처를 준다는 사실을 알고 있기에 말 한마디를 하더라도 깊이 생각해보는 것이다. 이미 뱉어버린 말은 다시 되돌리고 싶어 해도 이미 늦다. 만약 당신이 신중하게 행동하고 온화한 태도로 진심 어린 부탁을 한다면 상대와 당신 모두에게 긍정적인 결과를 얻을 수 있을 것이다. 상대에게 좋은 인상을 주고 싶다면 두서없이 말하기보다는 신중하게 생각하고 정리한 후 말해야 한다.

때로는 당신이 부탁하는 게 아니라 남을 위해 부탁을 들어줘야 할 상황이 생길 수도 있다. 이혼이나 가정불화, 사업이나 건강상의 문제 등 살면서 겪는 곤란한 문제나 위기 상황에 맞닥뜨리면 누구나 정신적으로나 육체적으로 지치고 자신감을 잃어버린다. 그리고 이런 변화는 주변의 인간관계에까지 부정적 영향을 미칠 수 있다. 만약 주위 사람이 이런 상황에 처해 있다면 따뜻한 손길을 내밀어 도움을 주도록 하자. 여기서 한 가지 주의해야 할 점은 상대가 힘들다고 똑같이 울상을 짓고 있어서는 안 된다는 것이다. 만약 그런 식으로 도움을 주려고 하면 상대는 오히려 더욱 기가 꺾이고 우울해질 것이다.

만약 친구에게 간단한 일을 부탁하려면 작은 대가를 주는 것도 좋은 방법이다. 마찬가지로 쉽지 않은 일을 부탁하려면 보다 자극적이고 큰 성취감을 줄 수 있는 대가를 제시해야 한다. 그래야만 친구의 자존심을 건드리지 않고도 당신이 부탁한 일을 효율적으로 성사시킬 수 있을 것이다.

mentor ● 다른 사람들의 참여를 이끌어내고 싶으면 상대의 의지와 열정을 건드려보라. 단 그렇게 하기 위해서는 먼저 상대의 마음을 정확하게 파악해야 한다. 상대방의 상황을 고려해서 최적의 주제를 선택해 점차 당신이 원하는 방향으로 상대를 이끌어나가라.

005 다른 사람의 장점을 파악하라

처세에 능한 사람의 특징 중 하나는 무엇이든 알려고 노력한다는 것이다. 예컨대 그들은 남의 장점을 알기 위해 노력하고 나아가 그것을 배우려고 하며 남을 비난하는 습관을 고치려고 노력한다.

다른 사람이 가지고 있는 장점은 사실 그 사람을 위해서가 아니라 '나'를 위해서 존재한다고 생각하라. 장점을 제쳐두고 결점만을 들춰내서 이야기한다면 즐겁고 유쾌하기 보다는 초조하고 뭔가 불안한 감정이 들 것이다. 이처럼 상대방에게 갖는 비판적인 태도는 상대방에 대한 질투심에서 유발되는 것이다. 상대가 가진 장점을 질투하기 때문에 오로지 그의 결점과 약점만 찾으려 하는 것이다. 그러나 당신의 질투심에서 유발된 비판은 객관적으로 그릇된 생각이므로 오히려 비판하면서도 자신의 마음만 더욱 우울하고 답답할 것이다. 생각을 조금만 바꿔서 남의 장점을 찾아보려고 노력해보라. 다른 사람의 장점에 보다 관심을 기울인다면 남에 대한 비판적인 태도와 우울하고 초조한 심리가 점점 사라질 것이다. 또한 생활하면서 심리적으로 스트레스를 받지 않고 매일 상쾌한 기분을 느낄 수 있을 것이다.

우리는 보통 회사에서 여덟 시간을 일한다. 일하는 동안 상사와 선배, 동료, 후배, 다른 부서 사람들을 적대시하면서 일한다면, 조화롭고 원활한 관계를 맺으면서 일하는 것보다 더 힘들다. 따라서 관계가 원활하다면 여덟 시간 동안만 일해도 업무 능률이 더 오를 것이다. 그러나 반대로 원수처럼 적을 둔다면 효율이 떨어질 뿐만 아니라 자신 또한 심리적으로 피곤해지기만 할 것이다. 따라서 다른 사람에 대해 비판적인 시각을 가진 사람들은 이런 태도에서 하루빨리 벗어나야 한다.

mentor ● 질투와 시기심으로 상대를 비판하고 있다면 성공은 멀리 달아나고 패배의식과 열등감만이 그 자리를 대신할 것이다. 어두운 그늘에서 벗어나 밝은 빛이 쏟아지는 긍정의 광장에 우뚝 서라.

006 충고를 겸허히 받아들여라

대부분의 사람들은 자신에 대한 나쁜 말을 듣기 싫어한다. 자기 자신의 실수나 문제를 알고 있어도 그것을 다른 사람으로부터 지적당하는 것이 싫은 것이다. 본인 앞에서 이야기하든 뒤에서 몰래 험담하든 상관없이, 그 말이 진실인지 거짓인지, 또 말한 사람의 진심이 담겼는지 아닌지도 상관없이 그저 자기와 관련된 말이라면 무조건 좋은 말만 듣고 싶은 것이다. 그리고 자신을 향해 나쁜 말을 한 사람에 대해서는 좋은 감정을 갖지 않는다.

뜻밖에도 이런 과오는 대개 심리적으로 나약하거나 자신감이 심하게 결여된 사람 또는 허영심에 가득 찬 사람이 저지른다. 세상 어느 누구도 면전에서 나쁜 말을 듣고 싶어 하지 않을 것이다. 말하는 사람의 기술이 부족해서라기보다, 비판과 칭찬에 사람들은 서로 상반된 심리적 반응을 보이기 때문이다. 다시 말해 비판하는 말을 들으면 창피하고 속상한 마음에 화가 나지만, 칭찬을 들으면 더욱 열심히 노력하고 싶고 스스로 긍지를 갖게 되는 것이다. 기본적으로 사람들은 비판에 익숙하지 않다. 때문에 자신의 체면이 깎이지 않고 자신의 실수와 결점을 남에게 들키지 않기 위해 여러 방법으로 비판을 피하려 한다.

어떤 사람들은 진심으로 상대에게 문제점을 지적해주지만 설령 좋은 충고라 해도 듣는 사람의 입장에서 귀에 거슬리기는 마찬가지일 것이다. 그러나 세상에 완벽한 사람은 없다. 누구나 알고 있듯이 잘못이 있으면 고치고 잘못이 없다면 더욱 분발해야 한다. 그러나 평소 충고를 즐겨 듣는 사람이 있다 해도 정작 면전에서 자신의 문제점을 날카롭게 지적한다면 마치 전기 충격을 받은 것처럼 그 즉시 몸이 뻣뻣해질 것이다. 혹은 당황하면서 이런저런 이야기로 자기를 변호하기도 할 것이다. 하지만 일반적으로 사람들이 충고를 듣자마자 드는 생각은 대개 다음과 같다.

'내가 다른 사람하고 뭐가 달라서? 다들 그렇게 하는데 왜 꼭 나한테만 그렇게 충고하는 거지?'

'너나 잘해. 자기는 뭐 완벽한 사람인가? 본인도 완벽하지 않으면서 무슨 자격으로 충고를 하는 거야?'

'내가 저 사람한테 뭐 잘못한 거라도 있나? 나한테 정말 왜 이

러는지 모르겠어.'

'무정한 사람 같으니라고. 어떻게 의리도 없이 저런 식으로 말을 하지?'

듣는 사람의 머릿속에 이런 생각이 가장 먼저 떠오르기 때문에 충고하는 사람이 아무리 높은 지위에 있다 해도, 또 아무리 위대한 인물이라 해도 속으로 나쁜 감정을 갖는 것이다. 혹 절친한 친구가 충고를 한다 해도 상황은 크게 다르지 않다. 물론 그 즉시 화를 내거나 기분 나쁜 표정을 짓지는 않겠지만 속으로는 항상 그 친구에 대한 미움을 가지고 있을 것이다. 언젠가 자신도 마찬가지로 트집을 잡아 되갚아주겠다고 다짐할 수도 있고, 정도가 심하면 그 친구와의 우정에 마침표를 찍어야겠다고 생각할 수도 있다. 그러나 안타까운 것은 충고를 피한다고 해서 당신이 가진 문제까지 피할 수 있는 것은 아니라는 사실이다. 좋은 의도를 가지고 한 충고를 받아들이지 못한다면 당신의 단점은 영원히 고쳐지지 않는다. 스스로에 대한 믿음과 상대와의 우정에 금이 갈 수도 있다. 만약 계속해서 충고를 피한다면 스스로 완벽하다고 여기는 안하무인의 사람이 될 것이다. 이런 문제를 해결하기 위해서는 무엇보다 마음을 비우고 상대의 진심어린 충고를 받아들여야 할 것이다.

여기서 상대방의 충고를 효과적으로 받아들일 수 있는 구체적인 해결 방법을 소개하겠다.

첫째, 인내심을 가지고 귀를 기울여라

충고를 들었을 때는 곧바로 화를 내며 반박하거나 자기변명을 하면 안 된다. 그렇다고 히죽거리며 실없이 웃거나 억지로 아무렇지도 않은 듯한 태도를 취하는 것도 곤란하다. 상대가 자기를 미워해서 충고한다고 쉽게 단정 짓거나 상대에게 악의를 품어서도 안 된다. 또한 노발대발하며 화를 낼 필요도 없고 그렇다고 자신을 낮추고 사과할 필요도 없다. 단지 자연스러운 표정과 담담한 태도를 유지하면 된다. 그리고 인내심을 가지고 상대의 충고를 끝까지 듣는 것이 무엇보다 중요하다. 상대의 말을 끝까지 들은 다음 스스로 내용을 간단히 정리해보고 맞는지 확인해야 한다.

만약 충고를 들을 때 참기 힘들면 자기 최면을 걸어도 좋다. 예를 들면 '나는 완벽한 사람이 아니야. 도망치지도 겁내지도 말자. 일단 끝까지 들어보는 거야'와 같이 생각하는 식이다. 물론 처음에는 이런 식의 자기 최면을 거는 방법이 그다지 익숙하지 않을 것이다. 따라서 억울한 생각이 드는 것은 당연한 반응이다. 사실 충고하는 사람의 입장에서 생각해보면 남에게 싫은 소리를 하는 것은 본인에게도 아무런 이득이 없는 일이다. 그럼에도 진심으로 충고를 해주는 사람이 있다면 오히려 감사해야 할 일이 아닌가.

진심이 담긴 선의의 충고는 잘못을 고칠 좋은 기회가 되기 때문이다. 그러나 반대로 말하는 사람의 동기와 의도가 좋지 않다면 일찍이 대비해야 한다. 그렇지 않으면 공연히 자신의 실수와 문제점만 남에게 들키게 될 뿐이다.

둘째, 열린 마음으로 충고를 받아들여라

만약 당신이 다른 사람의 충고를 받아들이지 않는 사람이라면 이런저런 방법으로 변명하며 상황을 피할 기회만을 노릴 것이다. 하지만 곰곰이 생각해보면 당신이나 다른 사람이나 서로 비판하거나 충고할 권리는 없다. 어차피 같은 입장이라면 서로의 충고를 받아들일 수 있도록 마음을 비우는 것이 좋지 않을까? 그렇게 하면 충고를 받아들이는 용기가 생길 것이다. 상대의 충고가 당신의 잘못이나 실수를 정확히 지적했다면 적극 수용하라. 용기 있게 자신의 문제를 고쳐나가면 차후에 같은 실수를 저지르지 않을 것이다.

셋째, 충고를 받아들일 수 있는 지혜를 가져라

당신이 상대에게 자신이 충고를 받아들인다는 태도를 보이기가 쉽지 않으면 행동으로 실천해서 보여주라. 만약 상대의 충고가 틀렸다고 해도 일단은 감사의 표현을 한 뒤 필요하다고 생각되는 부분만 받아들이는 게 좋다. 개인적인 질투나 원한 때문에 악의를 가진 사람의 충고는 일부러 충고를 받아들이려 노력할 필요 없이 단호하게 당신의 생각을 표현하면 된다.

mentor ● 사실이든 거짓이든 간에 칭찬을 들으면 기분이 좋아지고 표정이 밝아진다. 그러나 오로지 칭찬만 들으려 한다면 그것은 크나큰 잘못이다. 평정심을 가지고 충고와 칭찬을 적절히 받아들여야만 자신을 발전시킬 수 있다.

007 친구를 사귀는 방법

사회로 첫걸음을 내딛으면 누구나 사람들과 교제하는 방법을 배우게 된다. 사회적인 성공은 원만한 인간관계에서 출발하기 때문이다. 사람들과 의사소통을 잘하지 못하는 사람은 성공하기 어렵다고 해도 과언이 아니다. '집에서는 부모에게 의지하고 집 밖에 나가서는 친구에게 의지하라'는 말이 있다. 이처럼 친구를 사귀는 것은 삶에서 가장 중요한 일의 하나라 할 수 있다.

다음은 친구를 사귀는 몇 가지 방법이다.

첫째, 친구를 스승같이 대하고 제자의 자세로 배워라

무엇이든 혼자 공부하면 발전이 없다. 그러나 주위에 현명하고 능력 있는 친구가 있어 그를 스승으로 삼아 열심히 본받고 깊은 논의를 한다면 충분히 발전할 수 있다. 스승과 같은 친구가 있다면 사람을 대할 때도 허술함이 없을 것이다.

과거에는 큰 포부를 가진 사람이라면 누구나 유명한 스승을 찾아갔는데, 그들이 스승을 찾는 목적은 바로 고귀한 인품에 대한 가르침을 받기 위해서였다. 당신에게 이와 같은 좋은 벗이자 좋은 스승이 있다면 인간관계에 있어서도 상당히 큰 도움이 될 것이다.

둘째, 융통성 있는 시각을 가져라

세상 만물을 자세히 살펴보면 모든 것은 하나로 통한다는 것을 알 수 있다. 모든 감정과 사건들을 융통성 있게 다룰 수 있는 사람이라면 인격도 훌륭한 경지에 오를 것이다. 융통성 있는 사람은 친구를 사귀는 데에도 유리하다.

셋째, 개인적인 욕심을 버리고 이익을 꾀하려 하지 말라

생존을 위한 인간의 욕심은 어쩌면 당연한 것이다. 그러나 진실로 친구를 사귀고 싶으면 욕심을 버리는 것이 좋다. 개인적인 이익이나 욕심에 갇힌 노예가 되면 친구를 위해 무슨 일을 해도 좋은 결과를 얻기 어렵기 때문이다. 게다가 나중에는 욕심을 부린 대가가 그대로 돌아오게 마련이다.

넷째, 귀 기울여 들어라

모든 일을 알고 모든 일을 할 수 있는, 다시 말해 전지전능한 사람이 세상에 있을까? 우리가 다른 사람의 생각과 의견을 귀담 아들어야 하는 이유가 바로 여기에 있다. 개개인은 전지전능하지 못하기 때문에 서로의 도움이 필요한 것이다. 따라서 지혜로운 친구를 사귀어 그들에게 한마디씩이라도 조언을 들으면 자신의 부족한 부분을 조금씩 보완해나갈 수 있으며, 그러기 위해서는 겸허한 마음으로 귀를 열어야 할 것이다.

다섯째, 너그러운 태도로 이해하도록 노력하라

사람의 생각과 감정은 각자 다르지만 모두 표정을 통해 드러난다. 따라서 자신의 기준과 잣대로 남을 평가해서 본인에게 맞추려고 강요하지 말고 다른 사람이 가진 특징을 최대한 존중해줘야 한다. 친구의 입장에서 생각해보고 설령 실수를 하거나 잘못을 하더라도 너그러운 마음으로 서로를 존중해야만 좋은 관계를 유지할 수 있다. 이런 태도는 친구를 폭넓게 사귀는 데에도 도움이 된다.

여섯째, 시비를 구별하라

요즘은 너무 쉽게 거짓을 진실로 가장한다. 때문에 좋은 사람과 나쁜 사람을 구별하기가 어렵다. 따라서 사람이건 사물이건 객관적인 시각으로 바라보고 판단할 줄 알아야 한다.

사람을 볼 때는 본성을 살펴보고 사물이나 사건을 볼 때는 정확한 판단력으로 진상을 가려보라. 단 반드시 주의해야 할 것은 너무 쉽게 의심해서는 안 된다는 점이다.

일곱째, 침착한 태도를 가져라

사람들은 흔히 작은 실수로 친구를 잃어버린다. 예상치 못한 일로 사이가 벌어지고 말다툼 끝에 관계가 아예 깨지기도 한다. 그렇다면 어떻게 해야 이런 상황에서 침착하게 대처할 수 있을까?

첫째로 평정심을 갖도록 노력해야 한다. 평정심을 갖고 눈앞에 벌어지는 갖가지 문제들을 바라본다면 싸움은 일어나지 않을 것이다.

두 번째로 이기심을 버려야 한다. 마음속에 개인적인 욕심과 이기적인 생각이 없어야 침착하고 냉정한 태도를 유지할 수 있다.

세 번째 방법은 예상치 못한 일이 생겼을 때 섣불리 나서지 않는 습관을 기르는 것이다. 앞뒤 상황을 파악한 뒤 깊이 생각해보고 올바른 판단을 내린 뒤에 말하라.

여덟째, 상황에 따라 변하는 융통성을 길러라

평생토록 자신을 고치려 하지 않는 사람은 성공과 거리가 멀다. 요즘 같이 빠르게 변화하는 시기에는 기회를 놓치지 않기 위해서라도 상황에 맞추어 자신을 변화시켜야 한다. 친구를 사귈 때도 마찬가지다. 친구의 기분이 상한 상태에서 분위기를 파악하지 못한 채 쉴 새 없이 떠들면서 이야기를 멈추지 않는다면 당신은 그 친구를 영영 잃게 될 것이다. 따라서 상대의 말과 표정을 살펴보고 상황에 맞게 적절히 행동하는 습관을 길러야 한다.

mentor ● 진실한 친구를 사귀는 것은 처세의 첫 관문이다. 상황에 맞는 몇 가지 방법을 터득한다면 친구를 사귀는 데 큰 어려움이 없을 것이다.

008 교제의 융통성

친구를 사귀는 가장 좋은 방법은 바로 오랫동안 교제하는 것이다. 그런데 이 교제에는 융통성이 있어야 한다. 사람들은 사회 속에서 누구나 친구의 도움을 필요로 한다. 어떤 친구는 큰 도움이 안 될 수도 있고, 어떤 친구는 도움은커녕 심각한 피해를 주기도 한다. 그러나 도움이 안 된다고 해도 친구는 우리 모두에게 꼭 필요한 존재다. 친구가 없다면 궁지에 몰렸을 때 아무에게도 도움을 요청하지 못할 것이다. 그런 의미에서 친구는 폭넓게 사귀어야 한다. 한데 많은 사람이 친구를 사귀는 데 융통성이 없다. 가령 자신의 마음에 들지 않는다고 쉽게 외면하고 취미가 다르다고 가까이 지내려 하지 않는 것이다. 자신과 의견이 다르다 해서 말을 시키지도 않고 비위를 건드렸다고 해서 완전히 관계를 끊어

버리기도 한다.

여기서 말하는 '친구'는 우리가 흔히 말하는 또래의 개념이 아니다. 나이와 신분을 막론하고 진실로 자기를 알아주고 마음이 맞는 사람들을 포괄적으로 말하는 것이다.

누구나 친구를 사귈 때 자신만의 원칙을 가지고 있을 것이다. 자신만의 원칙을 가지고 있다는 점은 바람직하지만 사회에서 일어나는 모든 일을 원칙만 가지고 대처할 수는 없다. 이는 친구와의 교제에도 마찬가지이다. 지나치게 자신의 원칙만을 고수한다면 관계를 매끄럽게 지속하기 어렵다.

사회생활에서나 친구와의 교제에서나 어느 정도의 융통성은 반드시 필요하다. 다시 말해 어느 정도 자신만의 기준이 있고 그것을 바탕으로 사람에 따라 다르게 대처하는 유연한 태도를 가져야 한다는 말이다.

누구에게나 눈에 거슬리거나 마음에 들지 않는 사람이 있을 것이다. 그러나 그들이 분명 하찮게 대해도 되는 사람인지, 무시해도 되는 사람인지는 확실하지 않다. 어쩌면 그런 사람들이 훗날 큰 성공을 거두어 당신에게 도움이 될지도 모르기 때문이다. 그럼에도 불구하고 단칼에 그들을 잘라낸다면 나중에는 반드시 후회할 것이다. 의견의 차이가 있어서, 혹은 마음이 안 맞아서라는 등의 이유로 본인에게 꼭 맞는 사람을 찾고 싶겠지만 결론적으로 불가능하거니와 그 과정 또한 여간 고생스럽지 않을 것이다. 그런데 신기하게도 어떤 사람들은 이 과정을 어렵지 않게 해낸다. 자신에게 맞는 친구를 사귀기 위해 노력하고 친구들로 하여금 자신에게 맞춰진다는 느낌을 받게 하지 않는 것이다. 그러기 위해서는 먼저 자신의 마음을 열고 능동적으로 상대를 받아들일 줄 알아야 한다.

만약 친구가 당신에게 잘못을 저질렀다면, 혹은 당신이 친구에게 잘못을 했다면 서로 기분이 상하고 관계도 불편해질 것이다. 그러나 그렇다고 해서 친구와 원수가 될 필요는 없다. 만약 당신이 필요하다면 먼저 능동적으로 나서서 관계를 풀어보려 하면 된다. 여기서 관계를 유화시키기 위해 적당한 상황과 시기를 잡아 적당한 구실을 만들어야 한다. 이런 식으로 이루어진 우정은 가장 좋은 인연으로 자리 잡으며, 다시 관계가 서먹해질 염려도 없다. 많은 사람은 쑥스러움을 참지 못해서 이를 어렵게 생각한다. 실제로 당신이 거만한 태도를 버리고 적극적인 태도를 보이며 먼저 상대의 체면을 살려주는 것이 우정을 지키는 정석이다. 물론 이렇게 했음에도 상대가 여전히 거만한 태도를 취한다면 그것은 그의 잘못이므로 더 이상 신경 쓸 것이 없다.

어떤 사람은 친구를 사귀면서도 친구를 경쟁 상대로 삼는데,

이런 생각으로 친구를 사귄다면 친구가 늘수록 경쟁자만 많아질 것이다. 결국 진실한 친구는 없기 때문에 스스로 고독해질 뿐이다. 그러므로 그런 생각은 애초에 버리는 것이 좋다. 물론 살다 보면 친구가 한순간에 경쟁자가 되고 또 반대로 경쟁자가 친구가 되는 경우도 있다. 혹 믿었던 친구가 어떤 사건으로 인해 경쟁자가 되었다 해도 크게 실망할 필요는 없다. 왜냐하면 언젠가는 다시 예전처럼 가까운 사이가 될지도 모르기 때문이다. 그런 상황 속에서 당신이 할 일은 오로지 평정심을 잃지 않는 일뿐이다.

사회적 지위나 신분은 친구를 사귀는 데에 하나의 큰 난관이 될 수도 있고 또 적을 만드는 원인이 될 수도 있다. 만약 당신이 해박한 지식을 가진 박사이고 상대가 배운 것 없는 노동자라 해도 교제를 꺼려서는 안 된다. 친구를 사귈 때 융통성은 바로 이런 부분에서 시작된다. 상대가 어떤 사람이건 당신이 진심으로만 대한다면 누구와도 친구가 될 수 있다. 이처럼 친구를 사귈 때의 유연성은 모든 관계의 고민을 한 번에 풀어주는 열쇠와도 같다.

모든 사람이 어려서부터 친구를 사귄다. 그리고 사회에 나가면 친구는 더욱 많아지고 친구의 등급을 매기게 된다. 어떤 친구는 보나 마나 한 친구로, 어떤 친구는 누구보다 절친하고 진실한 벗으로, 또 어떤 친구는 함께 토론하거나 일하기에 좋은 친구로 말이다. 하지만 애석하게도 이 모든 친구는 훗날 흩어지게 마련이다. 정말 마음이 잘 맞고 생각이 비슷했던 친구라도 세월이 지나면서 점차 멀어지다가 연락이 끊기게 된다. 어떤 사정으로든 친구와 멀어지고 나면 누구나 지난 시절을 안타까워하고 그리워한다. 물론 새로운 친구를 만날 수도 있겠지만 새로 사귄 친구에 대한 마음은 옛 친구에 대한 마음만큼 애틋하지 않은 게 사실이다. 옛 우정을 잃어버리는 것은 그만큼 인생의 크나큰 손실로 남는다.

친구를 잃지 않기 위한 가장 좋은 방법은 좋은 친구일수록 적당한 거리를 유지하는 것이다. 흔히 거리를 둔다고 하면 더욱 무심해지고 소원해지는 게 아닐까 생각하는데 그렇지 않다. 친구와 멀어지는 대부분의 이유는 바로 서로 '거리가 없기' 때문이다.

처음 본 사람인데도 친숙하게 느껴지고 매일 만나지 못하는 게 안타까운 느낌이 들게 하는 사람이 있다. 이런 사람은 동성 친구건 이성 친구건 상관없이 만나면 만날수록 편안한 기분이 들어 허물없이 지내게 된다. 그러나 친구가 된 두 사람이 서로 교감하고 좋은 감정을 주고받는다 해도 결국은 다른 사람이다. 서로 다른 환경 속에서 다른 교육을 받았기에 가치관이나 인생관이 아무리 비슷하다 해도 완전히 똑같을 수는 없는 것이다.

친한 친구와의 가까운 관계는 부부 관계와 같은 경우이다. 너무 가깝게 허물없이 대하다 보면 자기도 모르게 상대에게 상처를 주게 된다. 따라서 적당한 거리를 유지하는 것이 지나치게 가까운 것보다 좋다. 다시 말해, 적당한 거리를 유지하라는 말은 간단히 이야기하면 너무 허물없이 대하지 말라는 뜻이다. 아무리 절친해도 하루 종일 그림자처럼 붙어 다니는 것은 곤란하다. 서로에게 최소한의 거리를 유지하면 예의를 갖추게 되고, 예의를 갖추면 싸울 일이 없을 것이다.

단 거리를 유지하는 데도 '정도'가 있어야 한다. 거리를 갖는답시고 지나치게 멀리하면 관계가 소홀해지기 십상이다. 어쩌다 전화로만 안부를 묻는 정도로 거리를 둔다면 한때 좋은 친구였던 사람과도 결국 '아는 사람' 정도의 관계로 전락하게 될 것이다.

mentor ● 갈등은 서로 간의 거리가 너무 가깝기 때문에 일어난다. 원만한 관계를 유지하기 위해서 좋은 친구와는 적당한 거리를 두어야 한다는 원칙을 기억하라. 그것이 당신과 그 사람 모두를 위한 일이다.

009 좋은 친구를 사귀어라

사람들이 친구를 사귀는 이유는 무엇일까? 긍정적인 관점에서 보자면 도움이 필요해서이다. 여기서 말하는 도움은 물질적인 면뿐 아니라 정신적인 측면까지를 포함하며, 일방적인 것이 아닌 상호 간에 이루어지는 것이다. 좋은 친구는 신뢰를 바탕으로 한 사이이며 서로 간에 도움을 줄 수 있어야 한다. 그렇다면 어떤 사람이 좋은 친구가 될 수 있을까? 또 어떤 사람을 좋은 친구라고 말할 수 있을까?

첫째, 좋은 친구가 된다는 것은 상대를 자신과 똑같이 생각하고 대하는 것을 말한다. 자신의 이익을 중요하게 생각하는 만큼 친구의 이익을 생각해주고 자신을 믿듯이 상대를 신뢰하는 사람만이 좋은 친구가 될 수 있다.

둘째, 자신이 가진 뛰어난 재능과 장점으로 매력을 내뿜으며, 그 기운을 상대에게도 전달할 줄 아는 사람이다.

그리고 마지막으로 고난과 어려움을 이겨낼 수 있을 만큼 마음이 잘 맞는 사람이 좋은 친구의 조건이다.

이러한 친구를 사귀는 것은 결코 쉬운 일이 아니다. 많은 시간 동안 함께 지내며 힘들고 어려운 일을 겪어야 진정 좋은 친구를 얻을 수 있는 것이다. 좋은 벗을 찾기 위해 세월을 보내다가 백발 노인이 되었다는 말이 있다. 이는 진정한 벗을 사귀는 것이 얼마나 어려운 일인가를 나타내는 말이다. 심리학자들의 통계에 의하면 사람들은 주로 20~30대에 많은 친구를 사귄다고 한다. 이 통계대로라면 40~50대가 될 때까지 마음을 터놓고 이야기할 친구가 없다면 평생 동안 좋은 친구를 사귀기가 힘들다고 볼 수 있을 것이다.

친구를 사귀는 목적은 유익한 정보를 공유하며 서로의 삶에 도움이 되기 위함이다. 그러나 일반적으로는 이보다 감정적인 이유들이 더 많이 내재되어 있다. 어떤 친구들은 오랫동안 연락을 끊고 지냈지만 절실히 도움을 필요로 할 때 기꺼이 손을 내밀어준다. 물론 자기에게 급한 일이 없거나 큰 피해가 없다는 전제 하에서 말이다. 반면 나쁜 친구는 전적으로 이해관계로 얽혀 있기 때문에 이득과 손실을 따지게 된다.

친구 간의 유대가 끊어지지 않게 하려면 먼저 자신의 마음속에 도사리고 있는 위험한 성향을 바꾸어야 한다. 그 방법을 구체적으로 살펴보자.

첫째, 곤경에 빠졌을 때 친구에게 조언을 구해 해결한다. 당신이 혼란에 빠져 상황을 이성적으로 보지 못하는 순간에 곁에서 친구가 분명하게 알려줄 것이다.

둘째, 갑자기 화가 심하게 났는데 털어놓을 곳이 없을 때 친구를 만나보라. 속마음을 다 털어놓고 친구에게 받는 위로는 더없이 값질 것이다. 동정하는 마음은 누구나 가지고 있지만 친구에게 받는 동정은 무엇보다 큰 위로가 된다.

셋째, 슬프고 힘든 일이 생겼을 때 친구에게 가서 울어보라. 진정한 친구라면 절대로 당신을 나약한 울보라고 놀리지 않을 것이다. 당신의 아픔을 이해하고 함께 눈물을 흘려주며 슬픔을 나눌 것이다.

넷째, 경제적으로 큰 손해를 입게 되었을 때 친구가 주는 물질적인 도움은 어느 정도 제한적이겠지만 정신적인 도움은 오히려 비교할 수 없이 클 것이다.

이와 같이 좋은 친구를 사귀는 일은 당신에게 살아가는 원동력이 될 것이다. 우리는 어떤 단체나 모임을 통해 친구를 만날 수 있다. 또 다른 우연한 계기로 친구를 사귈 수도 있다. 어디서 어떻게 만나든 가장 중요한 것은 다양한 친구와 좋은 관계를 유지하는 것이다.

mentor ● '좋은 약은 입에 쓰다' 는 말이 있다. 좋은 친구가 하는 진심 어린 충고가 당장은 듣기 싫을지 몰라도 당신을 위험 속에서 꺼낼 구명줄이 되어줄 수 있음을 잊지 말라.

아무리 절친한 친구 사이라도 갈등은 생기게 마련이다. 어떤 일에 대한 의견 차이 때문에 사이가 멀어지거나 말다툼을 할 수도 있고, 금전적으로 문제로 인해 관계가 어색해질 수도 있다. 이런 문제들을 올바로 처리하지 못하면 우정은 금세 금이 갈 것이다.

다음은 친구와의 문제가 발생하는 대표적인 상황들과 대처 방법이다.

1. 논쟁이 일어났을 때

친한 친구와 논쟁이 생겼을 때 취하는 가장 바람직한 태도는 의견이 일치하는 점은 취하고 다른 점은 잠시 보류하는 것이다. 예를 들어 마르크스와 엥겔스의 문제가 바로 이런 것이었다. 프랑스의 한 과학자가 제시한 의견에 마르크스는 긍정적으로 생각했으나 엥겔스는 그 반대였다. 여러 차례 격렬한 논쟁을 치르고 나서 마르크스는 엥겔스의 생각을 받아들였다. 그러나 한 부분만은 끝까지 고집했다. 친구와 논쟁이 생겼을 때 친구와 의견이 같은 부분에서는 솔직하게 인정해야 하겠지만 의견이 다른 부분은 섣불리 인정하고 수긍할 것이 아니라 시간을 두고 생각해봐야 할 것이다. 이렇게 해야 각각의 의견들이 모두 진리를 향해 발전할 수 있기 때문이다.

2. 관점의 차이가 생겼을 때

가치관이 같은 친구와도 때로는 관점의 차이가 생길 수 있다. 차이에서 그치지 않고 완전히 대치되는 성향을 띨 수도 있는데, 이는 모두 당연하고 자연스러운 일이다. 관점은 우정이나 의리와는 상관없기 때문에 관점이 다르다면 논쟁을 할 수 있다. 하지만 대부분 사람들은 친구와의 논쟁을 무조건 피하려고만 한다. 친구와 관점의 차이가 생길 때는 관점을 분리시켜 생각할 수는 있지만 감정을 분리시킬 수는 없기 때문이다. 그렇다면 친구와의 정서적 유대 관계를 망가뜨리지 않고 이 같은 문제를 해결하려면 어떻게 해야 할까?

첫째, 지속적으로 믿음을 가져야 한다. 서로 의견의 차이가 생겼다 해도 다른 상황에서는 친구를 믿고 그의 생각을 존중해주는 것이 중요하다. 친구의 편에 서서 입장을 헤아려야 함은 말할 것도 없다. 관점의 차이로 인한 논쟁을 한 후에도 전과 다름없는 우정을 보여준다면 모든 문제는 감정의 융합으로 해결될 수 있다.

둘째, 잠시 시간과 거리를 가지고 생각해본다. 혹 그로 인해 서로의 관계가 냉랭해졌다면 시간과 사건을 가지고 사실을 가려 누가 잘못했고 누가 잘했는지 따져보라. 객관적인 자세를 유지한다면 관점의 차이는 더욱 좁아질 것이다.

셋째, 서로 존중하는 마음을 유지한다. '나는 맞았고 넌 틀렸다'는 식의 고집을 부려서는 곤란하다. 친구 사이에는 높고 낮음의 개념이 성립될 수 없다. 만약 상대가 무조건 틀렸고 당신이 백 번 옳다고 판단된다 하더라도 친구를 존중하는 태도를 결코 버리지 마라. 당신이 그런 마음을 드러낸다면 친구는 당신을 밀어낼 것이다.

3. 금전적인 문제가 생겼을 때

친구와 이런저런 취미 생활을 함께하다 보면 아주 적은 돈일지라도 금전적인 거래를 하게 된다. 때로는 이런 문제로 인해 친구와의 사이가 벌어지기도 한다. 가령 돈을 빌렸는데 갚을 날짜가 지나도 갚지 못하는 경우, 혹은 거꾸로 돈을 빌려주었는데 친구가 갚지 않는 경우가 있다. 이런 상황은 서로 간의 관계를 엉망으로 만들 가능성이 크다. 그러나 때로는 금전적인 문제로 우정이 돈독해질 수도 있다. 당신이 급하게 돈이 꼭 필요한 때에 친구가 선뜻 나서서 도와준다면 그 친구에 대한 믿음과 고마운 마음은 배로 커질 것이다.

그렇다면 친구 사이에 금전적인 문제가 발생하면 어떻게 처리해야 할까? 다음 해결 방안을 읽어보자.

첫째, 약의 처방도 병의 증세에 따라 달리하듯 때에 따라, 상황에 따라 문제를 처리해야 한다. 먼저 문제가 생긴 원인을 분명히 파악해서 친구의 오해를 풀어주어야 한다. 돈을 못 갚는 경우 그 이유를 분명하게 설명해주고 다시 한 번 갚을 시기를 말해주어야 한다. 또 함께 돈을 관리할 경우 당신이 적은 장부를 보여주며 현재의 상황을 솔직하게 이야기함으로써 그에게 믿음을 주어야 한다.

둘째, 단호하게 약속해야 한다. 약속은 친구와 당신이 서로 상의해서 결정하는 것이다. 따라서 약속을 한 뒤에 문제가 생긴다

해도 그 누구도 상대에게 이의를 제기할 수 없을 것이다.

셋째, 함께 문제를 해결하도록 노력한다. 친구와 금전적인 문제가 생겼을 때 서로가 솔직하게 자신의 마음을 털어놓는다면 문제를 해결하는 것이 보다 수월할 것이다. 모두가 잘 알고 있듯이 친구는 누구보다 좋은 상담자이다. 만약 당신이 친구에게 아무런 악의 없이 자신의 솔직한 심정을 털어놓는다면 함께 문제를 해결해나갈 수 있을 것이다.

mentor ● 친구 사이에 생기는 문제들을 대수롭게 생각해서는 안 된다. 왜냐하면 친구 사이의 사소한 문제가 훗날 인생의 가장 큰 문젯거리로 변할지도 모르기 때문이다.

011 매력적인 성격이란?

어떻게 해야 자신의 매력을 충분히 발산할 수 있을까? 매력이란 스스로 느끼는 것이 아니라 다른 사람이 당신으로부터 느끼는 것이다. 즉, 겉으로 보이는 모습이나 행동들이 다른 사람에게 특정한 느낌으로 전달되는 것이다. 그런 점에서 매력도 일종의 '감정'이라고 할 수 있다. 매력은 당신에 대한 다른 사람의 감정과, 다른 사람에 대한 당신의 감정이 상당히 밀접한 관계를 이루며 생겨난다. 만약 당신이 적극적이고 따뜻하며 편안한 성격을 가졌다면 당신의 매력은 더욱 크게 도드라질 것이다.

그렇다면 우리는 어떤 사람을 두고 매력적이라고 말하는 걸까? 어떤 성격이 더욱 매력적으로 느껴질까?

첫째, 열정으로 충만한 사람

많은 사람이 성공하지 못한 가장 큰 원인 중의 하나가 바로 열정의 부족이다. 주변 사람에 대해, 맡은 일에 대해, 어떤 사물에 대해 열정과 관심이 부족하기에 성공하기 힘든 것이다. 지금까지의 당신의 생활 태도를 미루어 한번 대답해보라. 당신은 열정을 다해 일해본 적이 있는가? 최선을 다해 공부한 적이 있는가? 어떤 분야에서 입지를 굳히기 위해 끈기 있게 부딪혀본 적이 있는가? 고민하던 문제에 대해 쉬지 않고 주의를 기울여본 적이 있는가? 만약 이런 적이 없다면 당신은 앞으로 더 많은 열정을 불태우도록 노력할 필요가 있다. 반대로 질문에 대한 대답이 긍정적이라면 당신은 성공할 가능성이 있는 사람이다.

당신이 사람들과 무리 없이 잘 사귀고 인간관계에서 아무 문제가 없다면 사람들은 당신에게 자신의 이야기를 터놓으려고 할 것이다. 이는 말하는 사람에겐 허심탄회하게 이야기를 나눌 상대가 생기게 되는 것이지만 당신의 입장에서는 정보를 얻을 수 있는 좋은 기회다. 때문에 모든 사람에게 관심을 가져야 한다. 정말 소중하다고 생각되는 사람이라면 더더욱 많이 신경을 써야 한다. 그렇지 않으면 다른 어떤 일에도 융통성을 발휘하지 못할 것이다. 또한 사람들에게 아부하는 것보다는 진정한 관심을 갖는 것이 더욱 효과적이다. 당신이 다른 사람의 상황과 감정에 진심으

로 관심을 가지면 상대는 고마운 마음을 가질 것이다. 또한 그것
은 또 하나의 새로운 세계를 알아간다는 점에서 당신 자신에게도
매우 이로운 일일 것이다.

우리가 반드시 열정을 가져야 하는 또 하나는 바로 사물에 대한
흥미이다. 근본적으로 주변 사물에 아무런 흥미가 없는 사람에게는
문제가 있다. 당신은 매일 아침잠에서 깰 때 무슨 생각을 하는가?

'새날이 밝았으니까 오늘은 더 많은 일을 할 수 있겠네. 정말
신나는걸.'

'하, 또 하루가 시작되는구나. 회사 가야겠네, 젠장!'

만약 매일 아침 두 번째와 같은 생각만을 한다면 당신은 성공
할 확률이 거의 없는 사람이다. 아침에 일어나 회사에 갈 생각에
짜증부터 난다면 당신의 직업이 적성에 맞지 않거나 일에 대한
열정이 없다는 증거다. 반면 첫 번째처럼 즐거운 생각만 든다면
목표를 위해 매일 계획한 일을 실행하는 열정적인 사람이라 할
수 있다. 이런 사람들은 매일 새로운 일이 주어지더라도 최선을
다할 것이고 수입이 적더라도 상관치 않을 것이다. 왜냐하면 즐
거운 생각을 하며 그 일에 임하면서 언젠가는 성공할 것임을 확
신하기 때문이다.

열정을 가진 사람은 다른 사람에게도 자신의 열정과 용기를 전
파하는 힘이 있다. 뜨거운 열정으로 활기 넘치는 사람을 볼 때 사

람들은 그에게 큰 매력을 느끼는 동시에 자극을 느끼기 때문이
다. 열정은 이처럼 자신뿐만 아니라 주위 사람들에게까지 유쾌한
에너지를 전하며 사람들의 인생을 변화시키는 힘을 갖고 있다.

둘째, 주변 사람들에게 다정다감한 사람

다정다감하다는 것은 감정이 풍부하고 정이 많다는 것을 의미
한다. 리더의 자질에 대한 내용을 다루는 많은 책은 대개 리더의
매력을 신비감과 위엄으로 설명한다. 일면 일리가 있는 말이기는
하지만 그것이 다는 아니다. 위엄은 사람들에게 존경심을 갖게
하지만 다소 거리감을 느끼게 한다. 그러나 다정다감한 태도는
사람들을 기분 좋게 하고 편안한 기분으로 맡은 임무를 수행하게
돕는다. 사회가 변화하고 교육이 보편적으로 이루어짐에 따라 위
엄 있는 사람이 성공할 가능성은 점점 적어지고 있다. 자유롭게
변해가는 사회 분위기 속에서 현대인이 즐거움을 느끼는 부분은
위엄이 아니라 친절함이기 때문이다. 다른 사람이 당신을 좋아한
다고 말한다면 그것은 곧 '당신과 함께 일하고 싶다' 는 표현으로
들어도 좋다. 또 당신을 위해 도울 용의가 있고 이익을 주고 싶다
는 뜻이기도 하다. 그런데 만약 당신이 사람들 앞에서 위엄 있는
태도만을 추구한다면, 이 모든 일이 가능할까?

그렇다고 위엄 있는 사람이 절대 성공할 수 없다는 말은 아니

다. 기본적으로 남을 존중하는 마음이 있어야 조화로운 인간관계를 가질 수 있다는 뜻이다. 일반적으로 다정다감한 사람이 폭넓게 교제할 수 있는 이유가 바로 사람들에게 호감을 사고 인정을 받았기 때문이다.

셋째, 따뜻한 마음과 겸손함을 가진 사람

평소 사람들에게 말을 할 때 어딘가 날이 서 있고 성미가 조급하며 불같이 화를 내는 사람을 쉽게 볼 수 있다. 또 오랫동안 기세가 등등해서 오만한 기세로 남들을 깔보는 사람 역시 흔하게 볼 수 있다. 그런 사람들은 따뜻한 인정과 겸손함이 부족하기 때문에 다른 사람의 호감을 얻기 힘들다.

따뜻하다는 것은 바로 마음이 충만하다는 뜻이다. 즉, 다른 사람과 사물에 대해 너그럽고 성숙한 마음을 가지고 있는 것이다. 이와 반대되는 성격은 바로 조급함과 불안함, 짜증, 자만 등이다. 이는 결코 고상한 인품의 사람이 아니며 이런 성격을 가졌을 때 역시 성공은 멀어질 수밖에 없다.

역사적으로 성공한 사람은 대부분 따뜻하고 온화한 마음을 갖고 있었다. 수많은 복잡한 문제를 해결하기 위한 냉철함을 잃지 않으면서도 내면에는 따뜻한 가슴을 유지해온 것이다. 그들은 따뜻한 마음과 겸손함이 나쁜 일을 해결할 수 있는 가장 현명한 방법임을 알고 있었다. 즉, 자신들의 생각이 철저히 무시되더라도 인내심을 갖고 다른 사람의 생각을 주의 깊게 듣는 좋은 자세를 유지하는 것이다.

따뜻한 마음과 겸손한 자세를 갖는 것이 바로 성공의 기초를 다지는 것이다. 사람들이 좋아하는 성격은 결코 자만과 교만, 쉽게 화를 내는 성격이 아니므로 어떤 상황이 닥치더라도 섣불리 분노하지 말라. 조급해하고 불안해하는 태도 역시 아무런 도움이 되지 않는다. 성공한 사람들은 자신에 대한 믿음이 충만하다. 그렇다고 자만하라는 말은 아니다. 자신감을 갖는 동시에 항상 겸손함을 갖추어야 할 것이다.

세상 그 누구도 완벽할 수는 없다. 점점 복잡해지는 사회에서 개인이 얻을 수 있는 정보는 극히 한정되어 있다. 따라서 항상 자신의 부족함을 인지하고 겸손한 태도를 유지한다면 더욱 가치 있는 정보를 얻을 수 있을 것이다.

넷째, 남에게 좋은 영향을 주는 사람

앞의 세 가지 성격을 가진 사람이라면 이미 사람들에게 충분히 매력적인 사람일 것이다. 그러나 한 가지, 바로 남을 긍정적으로 변화시킬 수 있는 성격까지 갖춘다면 당신은 더욱 매력적인 사람이 될 것이다. 성공한 사람들이 가진 중요한 특징 중의 하나는 가

는 곳마다 자신들의 행동과 말이 다른 사람에게 큰 영향을 준다
는 것이다. 따라서 당신도 성공하고 싶으면 이러한 성격을 갖도
록 노력해야 할 것이다. 그렇다면 어떻게 해야 사람들에게 좋은
영향을 줄 수 있을까? 그 방법은 바로 성공한 사람들을 자세히 관
찰하는 것이다. 영향력이 큰 사람들의 행동 하나하나, 말 한마디
한마디를 살펴보고 장점을 닮아가려는 노력을 기울여야 한다.

대체로 성공한 사람은 사람들의 관심사를 잘 알고 사람의 마음
을 꿰뚫어보는 통찰력을 갖고 있다. 만약 당신이 사장이라면 말
한마디로 직원들을 격려할 수 있을까? 가장 좋은 방법은 직원과
회사의 관계를 이야기하며 회사에게 직원이 얼마나 가치 있는 존
재인지를 느끼게 해주는 것이다. 또한 정의로움과 동정심을 갖는
것도 좋다. 많은 사람이 정의로운 사람과 동정심이 충만한 사람
에게 호감을 느낀다. 그러니 다른 사람에게 영향을 주고 싶으면
먼저 정직하고 도덕적인 인품을 길러라. 사람들의 아픔을 이해해
주고 함께 아파할 수 있는 동정심은 매력적인 인간이 되는 필수
요건이다.

012 부드럽게 거절하는 법을 배워라

살다 보면 주변 사람의 부탁을 거절할 수 없어 어쩔 수 없이 들어줘야 할 때가 있다. 인정이나 이해관계가 얽혀 쉽게 거절할 수 없는 경우다. 이럴 때는 어떻게 해야 할까? 들어줄 수 없는 부탁을 부드럽게 거절하는 방법을 배운다면 마음의 여유를 유지하면서 관계를 서먹하게 만들지 않을 수 있다.

"오늘 저녁 게임 한판 하러 가자!"

"퇴근하고 술 한잔 어때?"

친구나 동료가 당신에게 이렇게 말하면 어떻게 거절할 수 있을까?

이런 상황에서는 대개 가족을 핑계 삼아 말할 수 있다.

"미안, 오늘 어머니께서 빨리 들어오라고 하셨어."

"사실은 집사람이 몸이 좀 불편해서 들어가봐야 할 것 같아."

"우리 막내 녀석이 오늘 아프다고 일찍 들어오라고 하네."

또 공부나 회사의 업무를 핑계 삼아 말할 수도 있다.

"오늘 일이 너무 밀려서 야근해야 할 것 같아."

"어쩌지? 오늘 선생님이 내준 숙제가 너무 많아서 힘들 것 같은데."

시간을 끄는 것도 거절의 방법 중 하나이다. 만약 당신이 가고 싶지 않은 모임에 초대받았다면 다음과 같이 말해보자.

"초대해주셔서 정말 고맙습니다만, 오늘은 제가 일이 있어서 못 가거든요. 다음번에 시간이 나면 가겠습니다."

얼핏 보면 거절 같지 않고 날짜를 미루는 것 같으나, 사실상 '다음번'이란 말에는 기한이 없다. 눈치 빠른 사람은 이것이 부드럽게 거절하는 말임을 쉽게 알아차릴 것이다. 물론 "시간 없어서 못 가요!"라고 단칼에 거절해버리는 방법도 있겠지만 업무상에서 중요한 일이나 중요한 사람일 경우 이렇게 거절해버린다면 자칫 불친절한 인상을 심어줄 수 있으므로 우회적인 표현을 사용하는 것이 낫다.

만약 당신이 상대의 부탁을 단칼에 거절해버린다면 상대는 아마도 자기를 도와주고 싶어 하는 마음이 없다고 생각할 것이고, 이런 오해가 쌓이면 둘 사이의 관계는 서먹해질 수밖에 없다. 따

라서 가장 좋은 방법은 상대에게 자신이 최대한 노력했음을 보여
주는 것이다. 그러기 위해서는 자신이 현재 어떤 상황인지 충분
히 설명하는 것이 좋다.

013 솔직하게 칭찬하는 방법

감성에 대한 투자는 성공으로 이르는 효과적인 방법 가운데 하나다. 초목이 자라는 데 알맞은 봄바람과 비가 필요한 것과 같이 우리는 감성 교육을 위해 꼭 필요한 것에 투자를 적극적으로 해야 한다.

일반적으로 사람들은 칭찬에 익숙하지 않다. 예쁜 여성을 보면서 그녀에게 예쁘다고 말하는 것도 쑥스러워하고 또 듣는 여성도 어색해한다. 친한 친구 사이에 오가는 사소한 칭찬에도 항상 겸손한 대답만이 오간다. 칭찬의 말이 자칫 아부로 보일 때도 있다. 따라서 우리는 진솔하게 칭찬하는 방법을 알아야 한다. 다른 사람에게 진심 어린 칭찬을 해도 그가 그저 입에 발린 말이나 아부로만 받아들인다면 당신의 노력이 아무런 소용이 없기 때문이다.

예를 들어 누군가의 재능에 대해 감탄하고 싶으면 직접적으로 말하는 것보다 수식을 섞어 말하면 보다 자연스럽다.

"성적이 이렇게 빨리 향상되시다니 공부 방법이 참으로 효율적인 것 같습니다."

"요즘 요가하세요? 몸매가 정말 좋으시네요. 저도 항상 배우고 싶었는데 워낙 유연하지가 못해서요."

이런 칭찬은 상대방에게 효과적인 영향력을 준다. 다음 S 씨의 생활 태도를 살펴보자.

S 씨는 항상 남을 돕고 싶어 하는 사람이다. 그는 광고 회사에서 일해서 다양하고 중요한 정보를 쉽게 접할 수 있었다. 친한 친구건 그저 사회에서 오가다 만난 사람이건 간에 S 씨는 정보가 필요한 사람에게는 가리지 않고 가진 정보를 모두 주었다. 매일 처리해야 할 것이 수천 가지 정보임에도 기억력이 좋은 그는 누구에게 어떤 정보가 필요한지 꼭 알아서 정확히 챙겨주곤 했다. 직접 복사를 해주고 추가 설명이 필요한 곳에는 손수 밑줄을 긋고 자세한 설명까지 덧붙였다. 그 때문에 S 씨는 사회 각계각층의 폭넓은 인사들과 교류를 유지할 수 있었다. 그가 죽고 나자 그의 장례식에 수많은 사람이 찾아와 애도할 만큼 그의 친절함은 사람들의 마음속에 깊은 감동을 주었다.

우리는 모두 S 씨의 이런 태도를 본받아야 한다. 자연스럽게 다른 사람의 일을 도맡아 해주고 다른 사람을 존경하는 마음을 가진다면 많은 사람을 사귈 수 있다. 그리고 그들은 분명 당신에게 좋은 감정을 갖고 도움을 주려고 할 것이다.

다음은 당신이 먼저 다른 사람을 도와줄 때 주의해야 할 사항들이다.

첫째, 당신이 도와준다는 사실을 너무 내세우지 말아야 한다

간혹 자신이 한 일을 크게 떠벌리며 허세를 부리는 사람이 있는데 이는 옳지 않은 행동이다. 가장 좋은 것은 상대가 부담을 느끼지 않을 정도에서 당신의 도움을 적당히 눈치 채는 것이다. 당신으로부터 진실한 도움을 받고 있다는 기분을 느끼는 순간 관계는 이미 가까워져 있을 것이다.

둘째, 자연스러운 방법으로 도와야 한다

자연스럽게 도우면 상대방이 금방 알지 못하지만 나중에 시간이 흐르고 나면 당신의 도움이 얼마나 고마웠는지를 알 수 있을 것이다. 이것이 가장 이상적으로 남을 돕는 방법이다.

셋째, 즐거운 마음으로 도와야 한다

억지로 돕는다는 생각이나 의식적으로 나를 위해서가 아닌 남

을 위해서 하는 일이라고 생각한다면 자연스럽게 남을 도울 수
없다. 게다가 즐겁지도 않을 것이다.

014 고민을 해소하는 방법

고민을 혼자 떠안고 있는 것보다 다른 사람과 함께 나누는 것이 그 위기를 헤쳐나갈 수 있는 가장 좋은 방법이다.

K와 S 그리고 P는 학창 시절 서로 그림자처럼 붙어 다닌 절친한 사이였다. 졸업을 하고 몇 년 뒤 K는 은행에 취직했고 S는 광고 회사에 다니게 되었으며 P는 다시 학교로 돌아가 학생들을 가르쳤다. 세 친구는 서로 다른 직업을 가지고 떨어져 살게 되어 함께 모이기가 힘들었다. 그렇게 바쁘게 지내던 어느 날 그녀들은 의기투합해서 함께 여행을 가기로 했다.

"저번에 너 많이 바쁘다는 말은 들었어."

"어, 바쁜 건 둘째치고 정말 스트레스 때문에 미칠 지경이야. 집에서는 자꾸 직장 옮기라 그러지, 친척들은 빨리 결혼하라고 난리지. 심지어 야근하고 있으면 집에서 어디에 있냐고 전화통에 불이 난다, 불이 나. 정말 몰라서 묻는 것도 아니고 왜 그러는지. 짜증나 죽겠어."

"우리 집에서는 난리 났어. 내가 남자 친구를 사귀니까 여기저 기서 날마다 전화하고 퇴근해서 곧바로 집에 가지 않으면 야단을 치니까 남자 친구 얼굴도 제대로 못 봐."

세 사람은 스트레스를 해소하기 위해 이번 기회에 불평을 다 털어놓아야 한다고 생각했고 이번 휴가를 '쓰레기 버리는 기간' 이라고 이름 지었다.

고민을 털어놓기에 친구만큼 좋은 존재가 또 있을까? 스트레 스가 오랫동안 쌓이면 걱정이 많아지는데 그것들을 모두 말해버 리면 비록 근본적인 문제 해결에는 도움이 안 되겠지만 마음은 훨씬 가벼워진다.

스스로에게 한번 물어보라. 당신의 수많은 친구 사이에서 걱정 이나 고민을 말하지 않은 친구가 몇이나 될까? 설령 있다 해도 친 구라고 할 수 없는 사이거나 극소수일 것이다. 그렇다면 다시 한 번 물어보자. 당신이 고민이 있을 때 가족을 제외하고 누구에게 먼저 이야기할 것인가? 아마 가족보다 친구에게 먼저 달려가는 사람이 많을 것이다. 자신을 이해해주고 믿을 수 있으며 객관적 으로 판단할 수 있는 존재를 찾아가는 것이다. 정말 힘든 일이 있다면 친구에게 말하면서 수도꼭지를 틀어놓은 듯 눈물을 흘릴 것이다. 어떻게 가족보다 더욱 자신을 사랑해주고 이해해줄 수 있을까 싶겠지만 때로는 친구가 더 이야기하기에 편한 상대가 될 수 있다. 그러나 아무리 친한 친구에게도 선뜻 입을 열기가 어려울 때도 있다. 당사자와 관련 있는 일일 때도 그렇고, 또 전혀 알지 못하는 일이라면 털어놓는다 해도 객관적인 판단이나 공감을 얻기 힘들기 때문이다. 이럴 때는 심리 상담사를 만나보는 것도 좋은 경험이 된다. 당신에 대해 아무런 정보도 없는 카운슬러에게 자신의 고민을 자세히 이야기하면 오히려 객관적인 판단을 할 수 있어 가족과 친구에게 기대하는 것 이상의 효과를 얻을 수 있다.

하지만 감정적인 면에서 본다면 친구보다 나은 카운슬러는 없다. 속상한 일이 있었는데 우연히 친구를 만나 왈칵 눈물을 쏟아낸 경험이 있는가? 가슴속에 꾹꾹 눌러놓았던 울분이 갑자기 터지는 경우 말이다. 이렇게 울어버리는 친구 앞에서 사람들은 대개 어떻게 해야 할지 몰라 우왕좌왕하는데, 전혀 당황할 필요가 없다. 눈물은 감정의 표현이며 눈물을 흘리며 운다는 것은 정서적으로 매우 이로운 행위다. 따라서 그럴 때는 그냥 '마음이 상하는 일이 있었구나' 하고 이해하고 속이 시원해질 정도로 울도록 기다려주자. 이런저런 말도 필요 없다. 만약 너무 오랫동안 운다면 함께 산책을 하는 것도 좋은 방법이다. 천천히 걸으면서 친구

의 어깨를 두드려주어라. 따스한 마음이 전달되어 평온을 찾는
데 도움을 줄 것이다.

015 인기 관리의 다섯 가지 비결

인기를 관리하는 능력은 인간관계를 맺는 데 중요한 역할을 한다. 인기의 정도에 따라 사람들과의 관계도 달라지는 것도 사실이다. 인기 관리 비결은 수도 없이 많이 있으나 그중 핵심 사항을 다섯 가지로 요약해보겠다.

첫째, 환영받는 사람이 되라

애완동물은 세상에서 유일하게 '노동 없이 생명을 유지하는' 생명체다. 닭은 달걀을 낳고 소는 젖을 짜면 우유가 나오고 카나리아는 노래를 부른다. 그러나 집 안에서 귀여움을 받으며 사는 강아지나 고양이는 아무런 일도 하지 않고 먹이를 얻는다. 그렇다, 사람들은 열심히 제 역할을 하는 동물들보다 자신에게 즐거움을 주는 강아지를 더욱 사랑한다. 인간관계에도 이와 같은 맥락의 비밀이 숨어 있다. 남들에게 사랑받기 위해 아무리 노력해도 아무런 소용이 없는 사람이 있다. 이것은 사람들이 가장 관심을 두는 곳이 결국 '자기 자신'이라는 사실을 모르기 때문이다.

친구를 사귀려면 이기심을 버리고 다른 사람에게 관심을 갖는 것이 무엇보다 중요하다. 그러기 위해서는 시간과 열정이 필요하다. 어떤 왕은 여러 나라를 두루 다니며 몇 달 동안 다른 나라 말을 배워 각 나라를 방문할 때 그 나라 말로 연설을 했고, 그로 인해 각 나라 사람들에게 널리 사랑받을 수 있었다. 사람들에게 환영받는 사람이 되고 싶다면 가장 먼저 다른 사람에게 눈을 돌려 그의 영역에 대한 관심을 표현하라.

둘째, 좋은 인상을 남겨라

행동이나 외모는 말보다 더욱 풍부한 표현력을 갖는다. 웃는 얼굴은 '나는 당신을 좋아합니다', '당신은 나를 행복하게 합니다', '당신을 보는 게 즐거워요' 등의 다양한 말을 전달한다. 이것이 우리가 강아지를 사랑하는 이유일 것이다. 강아지는 항상 주인을 보고 웃으며 달려가니까 말이다. 단 억지로 웃는 얼굴은 아무리 가장해도 숨길 수 없다. 지금 여기서 말하는 좋은 인상은 이런 억지웃음이 아니라 진심에서 우러나 사람들에게 따스함을 전하는 웃음을 말하는 것이다.

셋째, 즐겁게 경청하라

상대방과 순조롭게 대화할 수 있는 비결은 무엇일까? 한 유명한 학자는 이에 대해 다음과 같이 말했다.

"순조롭게 대화하는 비결은 아무것도 없다. 진심으로 상대방의 이야기를 들어주는 것이 가장 중요하다. 대화를 할 때는 상대방을 존경하는 마음으로 어떤 것도 이보다 중요할 수는 없다는 생각으로 들어야 한다."

보통 상점을 열 때는 유동인구가 많은 곳을 선택하고, 사람들이 자주 볼 수 있는 곳에 많은 돈을 써서 광고를 한다. 하지만 정작 상점의 점원을 고용하는 데는 소홀하다. 점원은 손님이 많이 몰리면 친절함을 잊고 손님의 말에 귀 기울이기보다 상품을 설명하는 데만 급급해한다. 이처럼 인내심 없는 점원들의 모습으로 인해 상점을 찾는 손님은 서서히 줄어들 것이다. 만약 사람들이 당신을 좋아하길 바란다면 말을 줄이고 남들의 말을 주의 깊게 경청하는 자세를 길러야 한다.

넷째, 상대방의 관심사를 이야기하라

루스벨트 대통령과 이야기해본 사람은 그의 해박한 지식에 감탄할 수밖에 없다. 서부에서 목장 일을 하는 사람이건 뉴욕 같은 대도시에서 정치를 하는 사람이건 루스벨트와는 누구든 즐겁게 이야기할 수 있다고 한다. 어째서일까? 이유는 아주 간단하다. 루스벨트는 누가 방문하기로 되어 있으면 그 전날 밤 방문자와 관련된 자료를 열심히 읽는다고 한다. 사람의 마음의 문을 여는 열쇠를 찾기 위해서는 상대와 가장 가까운 이야기를 해야 한다는 사실을 잘 알고 있기 때문이다. 사람들을 기쁘게 하고 싶다면 상대의 관심사를 파악하고, 그가 좋아할 만한 이야기를 화제로 삼아라.

다섯째, 유쾌함을 선물하라

사람을 만날 때 그에게 유쾌함을 선사한다면 당신이 곤경에 빠질 확률은 줄어들 것이다. 또한 누구라도 이 사항만 명심하면 친구들 사이에서 행복해질 수 있다. 일상생활에서 기쁨을 전한다는 것은 그 어떤 값비싼 선물보다 가치 있는 것으로 깊이 각인될 것이기 때문이다.

먼 옛날 시골에 살던 사람이 정월 초하루 아침 일찍 누군가가 문 앞에 가져다놓은 유골 단지를 발견했다. 그는 유골 단지를 보자마자 이웃에 있는 원수가 악의를 품고 저지른 일임을 알았지만 굳이 누구인지 밝히고 따지려 들지 않았다. 그 대신 유골을 가져다 밭에 뿌리고 꽃씨를 뿌렸다. 시간이 흐르고 어느 날 꽃이 피기 시작했다. 그는 꽃을 화분에 옮겨 담아 조심스럽게 원수의 집 앞에다 가져다놓았다. 그걸 본 원수는 지난날 자신의 행동을 부끄러워했다. 이 이야기 속 주인공은 저주를 퍼붓는 사람의 마음을 지혜로써 뉘우침으로 변화시켰다. 이처럼 사람의 마음은 생각보다 단순한 원리에 의해 움직인다.

심리학자와 사회학자들의 연구에 의하면, 인간관계에서 성공하기 위해서는 다음 네 가지 자세를 갖추어야 한다고 한다.

　첫째, 협력하고자 하는 마음을 가져라

　사람들은 협동이나 단결에 대해 잘 알고 있다. '서로 마음과 힘을 합하면 저 높은 태산도 옮길 수 있다'는 말처럼 분화된 현대사회에서 협동은 불가피하다. 한 사람의 힘으로는 경쟁에서 살아남을 수 없으며 성공하기도 힘들기 때문이다. 여러 사람이 하나가 되어 목표를 향해 매진하면 혼자 노력할 때보다 훨씬 큰 성과를 거둘 수 있으며, 그렇게 협력하는 방법을 배워야만 원활한 인간관계를 유지할 수 있다.

　둘째, 도움을 구하는 것도 능력이다

　'하나의 울타리에는 세 개의 말뚝이 있고 대장부 한 명에게는 돕는 사람이 세 명 있다.'

　이는 무엇을 의미하는 말일까? 아무리 천재라고 해도 모든 것에 정통할 수는 없기에 뛰어난 사람도 성공하기 위해서는 다른 사람의 지혜와 능력이 필요하다는 뜻이다. 여기서 '도와주는 사람'이 꼭 부하나 아랫사람을 지칭하는 것은 아니다. 지위가 낮은 사람이라도 적극적인 자세로 일하면 반드시 도움을 받을 수 있는 인간관계를 만들 수 있다.

셋째, 다른 사람과의 감정 교류에 힘써라

사람은 감정의 동물이기에 사람들과 감정의 교류, 즉 우정을 나누며 삶의 위안을 얻는다. 성공을 위해 끝까지 노력하고 싶다면 신념만으로는 부족하다. 당신이 성공했을 때 함께 기뻐하고 실패했을 때 함께 고통을 나누며 다시 일어설 수 있도록 격려해 줄 사람이 필요한 것이다. 사람들과의 감정 교류로 마음의 위로를 받는다면 당신은 실패나 좌절 뒤에도 얼마든지 다시 용기를 갖고 새로운 출발을 할 수 있다.

넷째, 정보를 활발하게 공유하라

현대는 정보사회다. 정보를 가진 자가 성공할 수 있는 것이다. 값진 정보는 사람을 성공하게 하고 명성을 높여준다. 그러나 정보를 얻을 수 없다면 당신은 사방이 막힌 벽 속에 갇혀 아무 일도 못하고 끝내 후회하게 될 것이다. 다른 사람에게 유익한 정보를 제공하고, 또 상대방을 통해 자신에게 유익한 정보를 구하며 살아가면 계속해서 친밀한 관계를 유지할 수 있다.

mentor ● 친구를 널리 사귀고 관계를 좋게 유지하면 분명 좋은 정보를 얻을 수 있다. 좋은 정보를 얻게 되면 당신은 어떤 경쟁에서도 항상 선두를 유지하여 큰 성공을 얻을 수 있을 것이다.

Chapter

2

설득하는 법을 배워라

말을 잘하는 기술은

상당히 유용하고 매력적인 자질이나,

모든 사람이 말을 능숙하게 하지는 못한다.

성공하려면 다른 사람을 설득하는 방법을 배워야 한다.

말솜씨가 서투른 사람은

하는 일마다 꼬이고 실패하는 경우가 많은 반면

말을 잘하는 사람은

상황을 잘 살펴서 변화에 따라 적절하게 대처한다.

즉, 어떻게 말하느냐가 일의 성공 여부를 결정하는 것이다.

017 순서대로 천천히 설득하라

설득은 급하게 말한다고 되는 것이 아니다. 계획된 순서에 따라 차근차근 자신의 의견을 피력해나가야만 설득의 효과를 거둘 수 있다. 다음은 다른 사람을 설득하는 데 필요한 자세이다.

첫째, 상대방을 최대한 이해하라

당신의 의견에 상대가 찬성하기를 바란다면 그에 앞서 상대방의 생각과 이유를 이해해야 한다. 판매직에 종사하고 있는 어떤 매니저는 다음과 같이 말했다.

"고객이 말하기를 좋아하는 사람이라면 나는 이미 그를 설득할 희망이 있는 것이다. 상대방이 70퍼센트를 말했다면 나는 나머지 30퍼센트만 말하면 되기 때문이다."

직원이 고객과의 대화에서 오직 설득에만 매달리며 70퍼센트의 말을 했다면 나머지 30퍼센트는 고객의 반박으로 돌아온다. 이런 방식으로는 상대를 제대로 설득할 수 없다. 효과적인 설득을 위해서는 말하기 전에 먼저 경청하는 자세를 가져야 한다. 나아가 상대의 생각과 의견 그리고 그렇게 생각하는 이유를 이해하려고 노력하는 것이 중요하다.

둘째, 먼저 상대의 의견을 수용하라

상대가 자신의 생각을 고집한다면 당신의 의견을 수용할 수 없는 이유가 있는 것이다. 이때 가장 좋은 방법은 바로 당신이 먼저 상대의 의견을 받아들이는 것이다. 그런 다음 그의 입장에 서서 먼저 말해보라. 이를테면 이런 식이다.

"저 역시 옛날에는 같은 생각이었습니다. 정말 일리 있는 말이지요."

자신의 생각이 다른 사람으로 하여금 쓸모없는 것으로 취급받으면 누구라도 불쾌감을 느끼고 고집을 부리며 의견을 굽히려 하지 않을 것이다. 상대방의 생각이 참신하든 그렇지 않든 상관없이 말이다. 예를 한번 들어보겠다.

가전제품 방문 판매원이 집집마다 돌아다니며 세탁기를 팔고 있다. 그런데 어느 가정에 가니 마침 주부가 빨래를 하고 있다.

"세상에! 이 세탁기 정말 오래된 것 같아요. 낡은 세탁기가 얼마나 전력을 낭비하는데요. 아주머니, 새로 하나 구입하시지요?"

"무슨 소리세요! 이 세탁기가 얼마나 오래가는데. 지금까지 썼어도 고장 한번 안 났다고요. 새로 바꾼다고 뭐 좋답니까. 난 안 바꿔요!"

판매원의 말이 끝나기도 전에 주부는 화를 냈다.

며칠 뒤 다른 판매원이 주부를 찾아왔다.

"이 세탁기를 보니 옛날 생각이 나네요. 오랫동안 아주머니께 많은 도움을 주었겠어요."

"그럼요! 우리 집은 세탁기를 정말 오랫동안 썼어요. 이제는 새로 하나 구입해야죠."

말이 끝나자마자 판매원은 세탁기 팸플릿을 가져와 보여주었다. 이것이 효과적인 설득의 기술이다.

첫 번째 판매원과 두 번째 판매원의 설득 방법의 차이를 당신은 어디서 찾았는가? 그것은 단지 시간의 차이이다. 상대의 미묘한 심리를 잘 관찰해보면 당신의 의견을 제시하고 설득하는 데 효과적이다. 일반적으로 설득당하는 사람이 두려워하는 것은 바로 권유를 받아들인 뒤에 생각지 못한 결과가 나올 수 있기 때문이다. 상대가 가진 심리적 문제를 자세히 관찰한다면 그에 대한 대비책을 세울 수 있다. 따라서 상대가 당신의 말에 반대할 이유가 전혀 없는 것이다. 상대방이 불안하고 초조하게 느낀다면 먼저 해결책을 찾고 그 방법을 설명해주어야 한다. 이때 상대가 문제를 제기한다면 금방 설명해줄 수 있을 것이다. 만약 당신이 대화에 대한 내용을 충분히 준비해두지 않았다면 애매모호한 이야기로 상대를 오히려 더 불안하게 만들 수 있다. 따라서 당신이 먼저 상대방이 고민하고 있는 문제를 예상해보고 거기에 대해 충분히 이야기를 나눈 다음 고객에게 최대한 편의를 제공해야 한다.

셋째, 설득할 내용을 충분히 이해시켜라

때로는 머릿속에 많은 계획이 있어도 설명이 안 되는 경우가 있다. 그러나 아무리 좋은 계획이라 해도 상대가 그 내용을 이해하지 못하면 당연히 찬성할 수 없을 것이다. 또한 무슨 말인지 몰라 먼저 부정적인 태도를 갖게 될지도 모른다. 만약 이 같은 상황이 된다면 먼저 인내심을 갖고 하나하나 설명해야 한다. 그렇게 당신의 진정한 의도를 상대에게 분명히 납득시키는 것이 중요하다.

018 설득의 4단계

남을 설득할 때는 무턱대고 하는 게 아니라 단계별로 진행해야 한다. 이것이 바로 말하는 기술에 일가견이 있는 사람들이 가진 공통적인 특징이다.

어느 날 카네기는 두 기업에서 같은 날 강연을 해달라는 요청을 동시에 받았다. 같은 시간에 강연을 해달라고 부탁했기에 어디를 선택할지도 정하지 못한 채 며칠이 지났다. 고민을 하고 있는 가운데 카네기는 각 기업의 초청 담당자와 따로 이야기를 해본 뒤 마음을 정할 수 있었다. 먼저 전화로 강연을 요청한 K 기업 담당자는 다음과 같이 말했다.

"카네기 씨, 다음 주에 저희 회사에서 강의를 해주실 수 있으십니까? 중소기업 경영자들에게 말 잘하는 방법을 알려주고 싶은데 저야 뭐 잘 모르지만, 선생님께서는 그 방면에 전문가이시니 알아서 해주시기 바랍니다. 강연할 내용은 대충 짐작해서 준비해주시고 청강인원은 대략 100명 정도일 것 같습니다. 그럼 부탁드리겠습니다."

카네기는 수화기를 내려놓은 뒤, 쉴 새 없이 쏟아내는 담당자의 말에서 별다른 느낌을 받지 못했다. 사무적인 태도와 성의 없는 말투로 이 사람이 정말 나를 초청하고 싶은지에 대해서도 잘 모를 정도로 호감이 가지 않았다. 게다가 강연의 주제부터 내용까지 어떻게 해야 할지 분명히 제시해주지 않고 강연을 듣는 사람들의 수준을 어느 정도로 맞추어야 할지도 파악할 수 없어 카네기는 매우 난감했다. 다음 날 카네기는 P 기업 담당자를 만났다.

"카네기 씨, 다음 주에 저희 회사에 오셔서 중소기업 경영자들이 보다 발전할 수 있도록 좋은 강연을 부탁드립니다. 참석하는 사람 가운데 대략 50명 정도가 공장을 경영하는 중소기업 경영자들이며, 그 밖의 분들을 합하면 대략 70명 정도 들을 것 같습니다. 최근 들어 더욱 시대의 요구와 우리의 마인드가 갈수록 동떨어지게 느껴지고 있습니다. 더 이상 상사의 눈치만 보고 일을 처리하던 전통이 통하지 않은 지 오래됩니다. 따라서 이번에 선생님께서 강의해주실 때 자신의 의사를 분명하게 표현하지 못하는 사람은 뛰어난 인재가 될 수 없음을 강하게 어필해주셨으면 좋겠습니다. 강의 시간은 가능한 한 두 시간 내로 해주시고 주로 의사 표현의 필요성, 올바른 의사 표현의 효과, 의사 표현의 기법, 이 세 가지 내용을 중심으로 강의해주기 바랍니다. 이번 선생님의 강의로 인해 모두가 새로운 생각을 가질 수 있기 바랍니다. 그럼 부탁드리겠습니다."

명쾌하고 신뢰가 느껴지며, 열의가 다분히 느껴지는 초청이었다. 카네기는 아무것도 묻지 않았는데 담당자의 말을 듣고 나서는 모든 궁금증이 사라졌다.

그의 머릿속에는 벌써부터 강단에 서 있는 자신의 모습과 앉아서 강의를 듣는 사람들의 표정까지 하나하나 떠올랐다. 어떤 내용을 가지고 어떻게 이야기를 풀어가야 할 것인지도 모두 구상이 되었다. 당연히 카네기는 P 기업의 강연 요청을 받아들였다.

이처럼 다른 사람을 설득하는 데에는 일종의 기술이 필요하며 단계에 따라 순서대로 진행시켜야 한다. 그렇다면 설득의 단계란 무엇일까? 대체로 다음 네 단계로 나눌 수 있다.

첫째, 상대방의 주의와 흥미를 끌어라

당신이 하는 말에 상대의 동의를 얻어내고 싶다면 먼저 상대의 흥미를 끌어야 한다. 흥미를 유발하기 위해서는 그에 앞서 먼저 주의를 끌어야 하는데, 예를 들면 "이번 일은 어떻게 생각하십니까?", "당신에게는 정말 유용하지요?" 등과 같은 말투가 적당하다. 이처럼 상대의 생각을 묻는 말에서 주의를 끌 수 있다면 그다음으로는 흥미가 생기도록 유도하면 된다.

둘째, 당신의 생각을 분명하게 표현하라

어떤 생각을 가지고 있는지에 대해 상대에게 구체적으로 설명을 해주어야 한다. 예를 들어 "……한 방법으로 진행시킨다면 이전보다 개선된 방향으로 가지 않겠습니까?"라는 식으로 주제에 근접한 대화를 이끌면 상대가 정확히 이해할 수 있을 것이다. 자신의 견해를 분명하게 표현하는 능력은 설득에서 빠질 수 없는 부분이다. 상대방이 기분 좋게 당신의 말을 듣고 동의할지는 바로 자신이 어떻게 표현했는지에 달려 있다.

셋째, 상대방의 마음을 움직여라

설득하고자 하는 내용을 상대에게 말한 뒤에는 상대방이 느끼는 호감의 여부를 잘 살펴야 한다. 상대의 표정을 살펴본 뒤 "제 의견이 괜찮으시다면 시간은 물론이고 돈도 절약할 수 있으실 겁니다. 게다가 보기도 좋고 제품의 판로도 뚫릴 테니 그야말로 일석이조가 아니겠습니까!"라고 말하는 식이다. 이런 방법으로 상대방이 당신의 말을 듣고 꼭 해보고 싶은 생각이 들 때까지 지속적으로 상대를 자극해야 한다. 설득하기 전에 상대가 어떤 생각을 하는지, 습관적으로 어떤 행동을 하고 현재 하고 싶은 일이 무엇인지 등과 같은 상대방에 대한 정보를 미리 알아두면 훨씬 수월하다.

넷째, 구체적인 방향을 제시하라

앞서 말한 세 가지 단계가 모두 갖추어졌다면 마지막으로 어떻게 해야 할지 구체적으로 방향을 제시해주어야 한다. 다시 말해 상대에게 어떻게 해야 하고 어느 정도로 해야 좋을지 등을 분명하게 말해주어야 한다는 것이다. 이 네 번째 단계로 들어서면 상대방은 당신이 말해주는 것을 그대로 따를 것이다.

mentor ● 급하게 먹는 밥이 체하는 법이다. 분명한 목적과 열정을 단계적으로 보여주는 것만으로도 공감은 충분히 얻을 수 있다는 사실을 기억하라. 상대가 당신의 말에 고개를 끄덕이는 순간 이제 그의 행동 방향을 명확하고 간결하게 제시하라.

019 핑계거리를 만들어 모면하라

다양한 사람과 교류를 맺다 보면 여러 가지 문제에 봉착하게 마련이다. 그리고 때때로 아주 사소한 일 앞에서 어떻게 대처해야 할지 몰라 아무 말도, 아무 행동도 하지 못할 때가 있다. 사실 골치 아픈 문제는 누구나 피하고 싶어 한다. 이럴 때 당신에게 가장 필요한 것이 '융통성'이다. 일을 융통성 있게 처리하면 골치 아픈 문제의 실마리가 생각보다 아주 쉽게 풀릴 수 있다. 그 방법 중의 하나가 '핑계를 만드는 것'이다.

예상치 못한 장소에서 혹은 상황에서 너무도 만나고 싶던, 가령 좋아하는 이성을 만났다고 상상해보라. 아마 무척 기쁠 것이다. 하지만 긴장한 나머지 다시 만나고 싶어도 분위기상 또는 성격상 솔직하게 말하지 못할 수도 있다. 바로 이럴 때 적당한 구실을 만들어내면 좋을 것이다. 가령 당신이 그곳을 떠날 때 일부러 당신이 가지고 있던 물건을 남겨두고 간다면 다음번에 자연스럽게 만날 수 있는 기회가 생길 것이다. 또한 상대를 만난 후에는 당신이 의도적으로 남겨둔 물건이 매개가 되어서 원활한 대화를 이끌어줄 수 있을 것이다.

또 다른 경우를 보자. 당신이 만약 약속에 늦어 오랫동안 기다린 친구가 무척 화가 났다면 몇 가지 핑계를 생각해내야 한다. 차가 밀렸다든가, 시간을 잘못 보았다든가, 업무가 많아서 빠져나올 수 없었다는 등의 말은 많은 사람들이 흔히 쓰는 핑계이다. 실제로 차가 밀렸을 수도 있고 처리할 일이 많아서 늦었을 수도 있지만 그렇다고 해서 흔한 핑계를 댄다면 상대는 쉽게 이해해주지 않을 것이다. 이런 상황에서는 공격을 최선의 수비로 생각해야 한다. 일명 적반하장 식의 핑계를 대는 것이 효과적이다.

"뭐야, 내가 회사에 전화해서 늦는다고 전해달라고 했는데 못 들은 거야? 도대체 전화 받은 사람이 누구야? 분명히 전달해달라고 했는데, 너무하네."

"미안해, 실은 일찍 도착했었는데 네 옆에 우리 과장님이 서 계셨거든. 남색 양복 입은 사람 못 봤어? 우리 과장님이시거든. 그냥 바로 아는 척하기가 민망해서 다른 곳에서 기다렸지."

이렇게 남들이 쉽게 생각해내지 못하는 핑계를 만들어야 한다.

모든 일에는 나름대로의 이유가 있지만 때로는 그렇지 않을 수도 있다. 뚜렷하게 이유를 댈 수 없는 곤란한 상황인 경우 이론적으로 타당한 근거를 만들어야 하는데 그것을 바로 핑계라고 한다. 악의 없는 적당한 핑계는 반나절 이야기할 것도 금방 해결해주고 서로 나쁜 감정이 생기는 것도 방지해준다. 이렇게 보자면 핑계는 우리의 삶에서 여러 가지에 다 적합한 윤활제 역할을 하는 것이다.

핑계를 댈 때 전화와 같은 도구를 사용하면 더욱 효과적이다.

L 씨의 사무실에 손님이 찾아왔다. 쓸데없는 말을 끊임없이 내뱉는 손님이지만 그를 귀찮아하거나 소홀하게 대접할 수도 없는 노릇이었다. 그렇다고 손님의 말을 중간에서 자를 수도 없었고, 그 자리를 박차고 나올 뚜렷한 이유도 없었다. 그때 L 씨는 옆에 앉은 동료에게 살짝 쪽지를 적어 보냈다.

'회의실에 가서 나한테 전화해줘.'

잠시 후 전화벨이 울려 L 씨가 수화기를 들었다.

"뭐라고요? 지금 오라고요? 죄송합니다만, 지금 중요한 손님이 와계셔서요. 네? 빨리 오지 않으면 안 된다고요? 하, 이것 참. 알겠습니다. 금방 가겠습니다."

L 씨는 손님에게 매우 미안해하며 사무실을 떠났다. 손님의 자존심을 상하게 하지 않고 또 서로의 감정을 상하게 하지 않으면

서 곤란한 상황을 피하는 방법으로 핑계를 사용한 것이다.

mentor ● 핑계를 대는 것은 사람을 속이는 것이 아니다. 속인다는 말은 다른 사람의 이익에 손해를 끼친다는 의미를 내포하지만 핑계는 그렇지 않다. 세상은 복잡하며 사람의 마음도 복잡하다. 따라서 생활 속에서 벌어지는 수많은 일을 하나하나 모두 분명하게 설명하기는 불가능하다. 만약 애써 억지로 변명을 한다면 오히려 상황을 악화시킬 수도 있다. 그러나 이럴 때 적절한 핑계를 생각해낸다면 오히려 사람들과의 관계를 안전하게 유지하는 방법이 될 수 있다.

020 비난에 대처하는 방법

어느 날 괴테가 공원에서 혼자 산책을 하고 있었다. 일방통행을 하는 작은 길을 걷던 괴테는 우연히 한 비평가와 마주쳤다. 그 비평가는 괴테와 의견이 달라 그의 작품이 나올 때마다 신랄하게 비판하는 사람이었다. 좁은 길에서 두 사람의 눈이 마주치자 비평가는 거만한 말투로 말했다.

"누가 바보에게 길을 양보하겠어."

면전에서 이와 같이 모욕을 주었지만 괴테는 웃으며 말했다.

"그럼요, 바보에게는 길을 내주고 싶지 않겠지요. 그렇지만 나는 당신과 반대 방향인걸요."

말을 마친 후 괴테는 곧바로 앞으로 걸어갔다. 순식간에 비평가의 얼굴이 붉어졌고 당황한 그는 가던 길을 가지도, 돌아보지도 못했다. 비평가는 분명 그에게 몰상식하게 굴었으나 괴테는 그에 대해 모욕을 주지도, 의기소침해하지도 않았다. 그 대신 교묘하게 위엄을 지키는 방법을 가르쳐 준 것이다. 괴테가 사용했던 방법은 바로 겸허하게 상대의 비판을 받아들이는 것이었다. 이런 방법은 상대로부터 모욕적인 발언을 들었을 때 지혜롭게 맞설 수 있게 한다. 구체적으로 많은 말을 하는 것이 아니라 간결한 몇 마디의 말로써 상황에 효과적으로 대처하는 것이다. 이렇게 자신을 방어함으로써 취지를 전달하는 표현 방식은 사람들과 원활한 관계를 맺는 데 아주 큰 도움을 준다.

다음에서 상대의 충고에 대처하는 구체적인 방법 두 가지를 소개하겠다.

1. 핵심법

이 방법은 상대가 공격적으로 비꼬는 말을 할 때 핵심을 꿰뚫는 말로써 사물의 본질과 질문을 명확히 파악하는 것이다.

구소련의 외교부 장관 몰로토프는 귀족 출신이었다. 그가 어느 날 회의에서 영국의 노동당 외교부 장관에게 난처한 질문을 받게 되었다.

"당신은 귀족 출신이라면서요? 우리 집은 조상 대대로 광부셨는데 그렇다면 당신과 나, 둘 중에 누가 공산계급을 대표할 수 있을까요?"

그러자 몰로토프는 침착함을 잃지 않고 이와 같이 답했다.

"맞습니다. 그렇지만 우리는 모두 반대파지요."

상대는 아무 말도 하지 못했다. 여기에서 몰로토프가 한 말은 상대가 바라본 관점과는 달랐지만 실질적인 문제를 파악했던 것이다. 출신 배경은 다르지만 역시 지도층에 반대하는 입장이라는 점은 같았기 때문이다. 이처럼 핵심을 파악하면 중언부언하지 않고 간결한 한마디의 말로 반격할 수 있다.

러시아의 학자 로모노소프는 검소한 생활을 했기에 옷 차림에 별반 신경을 쓰지 않았다. 그런 그가 어느 날 옷차림을 중요하게 여기는 독일인을 만났다. 독일인은 로모노소프의 구멍난 옷을 보고 이렇게 비꼬았다.

"여기 옷에 구멍 난 걸 보니 당신이 똑똑하다는 걸 알겠네요."

하지만 로모노소프는 조금도 신경 쓰지 않고 대답했다.

"선생, 나는 이 구멍을 통해 다른 멍청이가 보이는 구려."

독일인의 어법과 '구멍'이라는 말을 그대로 사용해 상대의 무례함을 재치 있게 지적한 것이다.

2. 대비법

어떤 사람들은 사소한 사물에 빗대어 다른 사람을 깔보고 비꼰다. 다음과 같은 상황에서 당신은 같은 방법으로 상대를 대할 수 있을 것이다.

다윈이 생물진화론을 주장한 뒤 헉슬리는 그의 주장을 적극 지지하며 당시 종교단체와 격렬한 논쟁을 펼쳤다. 교회에서는 다윈의 이론을 좇는 헉슬리를 '다윈의 투견'이라고 비난했다. 런던에서 열린 회의에서 헉슬리가 회의장으로 들어오는 것을 보고 교회의 대표자가 비아냥거렸다.

"다들 조심하시오. 여기 투견 한 마리가 또 왔군요."

헉슬리는 이에 태연히 대꾸했다.

"맞습니다. 개를 가지고 도박을 하는 것은 정말 나쁜 짓이지요."

개들에게 싸움을 시키고 내기를 하는 게 나쁘다는 것은 모두가 알고 있는 사실이었기에 헉슬리는 교회의 대표자와 자신의 현실적인 관계를 그 안에 암시했던 것이다.

021 우회적으로 표현하라

자기의 생각을 우회적으로 표현하는 것, 즉 돌려서 말하는 것은 말하는 기술에서 빼놓을 수 없는 기법이다.

두 살 난 아이가 엄마가 주는 아이스크림이 먹고 싶을 때 소리 지르며 우는 것 말고는 다른 방법이 없다. 하지만 네 살 된 아이는 자기 의사를 어떤 방법으로 표현해야 할지를 알고 있다. 예를 들어 아이스크림이 먹고 싶을 때 아이스크림 광고를 오랫동안 지켜보다가 묻는 것이다.

"엄마, 저게 뭐예요?"

만약 엄마가 사주지 않으면 다시 묻는다.

"엄마, 저거 어디에 쓰는 거예요?"

네 살짜리의 방법이지만 우회적으로 말하는 것은 매우 효과적이다. 마찬가지로 일상에서 수많은 사람이 우회적으로 말하는 방법을 알고 있는데, 이는 곧 사회 전체가 나날이 발전하고 있다는 뜻이다. 물론 우회적으로 말할 때는 시종 자신감 있는 태도를 유지해야 한다.

어느 날 마트를 간 할머니가 먼저 칫솔을 두 개 골라 계산대에 올려놓았다. 그런데 종업원이 바빠서 할머니를 신경 쓰지 못하자, 할머니도 별다른 생각 없이 고맙다는 말을 한 뒤 계산대를 나섰다. 이때 종업원은 할머니가 물건을 계산하지 않았다는 사실을 깨달았다. 서둘러 사방을 둘러보니 할머니는 이미 계산대를 지나 나가려 하고 있었다. 종업원은 친절한 말투로 할머니를 불렀다. 할머니는 잊어버린 물건이 있는가 싶어서 다시 되돌아왔다. 그때 종업원은 봉투를 내밀며 말했다.

"할머니, 죄송합니다만 제가 봉투에 담아드리는 걸 잊었어요. 그 칫솔 그냥 들고 가시면 더러워질 텐데 위생상 좋지 않잖아요! 여기에 담으시면 됩니다."

말을 마친 뒤 종업원은 할머니의 칫솔을 봉투에 담아 밀봉해주고 계산대에 올려놓았다.

"할머니, 칫솔 하나의 가격은 2천 5백 원이고 합해서 5천 원입니다."

"저런, 내가 계산하는 걸 깜박 잊었구려. 정말 미안하우."

"별말씀을요. 저희 어머니도 자주 깜박 잊곤 하시는걸요. 오히려 할머니보다 더 잘 잊어버리세요."

종업원은 이처럼 우회적인 말로 돈을 지불하지 않은 손님을 자연스럽게 돌아오게 하고 또 자연스럽게 물건의 가격을 이야기해주면서 계산을 하게 한 것이다. 만약 종업원이 큰 소리로 계산을 하고 가라고 소리쳤다면, 실수로 계산하는 것을 잊은 손님은 당황하고 불쾌해했을 것이다. 이처럼 때로는 우회적인 말이 곤란한 상황을 자연스럽게 넘겨주기도 한다.

022 대답하지 않을 수 없는 문제

살다 보면 누구나 대답하기 어려운 질문을 받게 된다. 질문에 대답할 수 없어서든 대답하기 싫어서든, 그런 상황에서 대답을 피하면 상대방에게 무성의한 사람이라는 인상을 주기 쉽다. 이런 상황에서 가장 좋은 방법은 '효과 없는 대답'을 하는 것이다. 즉, 실제로 아무 의미가 없고 아무런 영향을 미치지 않는 대답을 말한다. 그러한 의도로 우리가 일상에서 가장 자주 사용하는 말은 '별거 아니야'와 '글쎄'일 것이다.

예를 들어보자. 소문내기 좋아하는 누군가가 다른 사람에게 제삼자의 일을 캐묻는다.

"저기, 당신네 사장한테 무슨 좋은 소식 있다면서요?"

이런 질문을 받았을 때 우리는 "글쎄요" 하고 아무런 효과 없는 대답을 가볍게 던지며 상황을 모면할 수 있다. 이것은 대답과 동시에 대화를 차단하는 느낌을 전달하면서 상대가 그 화제에 대한 말을 더 이상 잇지 못하게 하는 효과가 있다. 이런 식으로 응대하는 데는 다양한 방법이 있다.

첫째, 긍정도 부정도 하지 마라

어느 외교관이 오스트레일리아에서 근무할 때 생긴 일이다. 그곳에서 함께 근무하는 오스트레일리아 사람이 외교관에게 "당신은 이 나라를 사랑합니까?"라고 물었다. 외교관은 이에 '네' 혹은 '아니오'라고 한마디로 잘라 말하기 곤란한 입장이었다. 그래서 그는 "여긴 캥거루가 정말 귀엽습니다"라고 대답했다. 이런 식의 대답은 구체적으로 긍정도 부정도 할 수 없는 경우에 사용하는 것이다.

둘째, 재치 있는 답변으로 상황을 넘겨라

대답하기 곤란한 문제에 대해서는 무리해서 정확하게 대답하려고 애쓸 필요가 없다. 이런 상황에는 재치 있는 응답이 상황을 더욱 좋게 만들어준다. 외국인 관광객이 가이드에게 이곳의 화장실이 몇 개인가를 물었다. 가이드는 화장실 개수를 세어본 적이 없었으나 많은 사람 앞에서 그의 질문을 무시해버릴 수 없었기에 다음과 같이 대답했다.

"두 개지요. 하나는 남자 화장실이고 다른 하나는 여자 화장실입니다."

셋째, 솔직하고 정중하게 고백하라

상대방에게 당신이 대답을 꺼리는 이유를 직접 알리는 방식이다. 단 이 경우에는 당신에게 질문한 사람이 난처해지거나 분위기가 어색해지지 않도록 예의를 갖춰 말하라.

넷째, 상대방으로 하여금 깨닫게 하라

한번은 미국의 전 대통령 친구가 휴양지를 개발할 계획에 대해 물었다. 대통령은 작은 소리로 친구에게 비밀을 지킬 수 있는지를 다시 물었다. 친구가 곧바로 그렇다고 대답하자 대통령은 큰 소리로 "나는 비밀을 지킬 수 없다"라고 말했다. 대통령은 이 같은 교묘한 방식으로 친구가 사심을 갖고 한 질문이 올바르지 않다는 사실을 깨우쳐준 것이다.

mentor ● 대답하기 곤란한 문제에 당황하지 않고 유연하게 대처하는 것은 대화를 성공적으로 이끄는 가장 이상적인 방법이다.

023 설득하는 방법

남을 설득한다는 것은 무엇보다 먼저 자신을 믿고 행동한다는 의미이다. 우리는 알게 모르게 자주 주변 사람들에게 설득당하며 살아간다. 일을 하면서, 물건을 사고팔면서, 일상생활에서 서로가 서로를 설득하는 상황이 끊임없이 이어지는 것이다. 그렇기에 설득의 기술은 성공을 꿈꾸는 사람이라면 반드시 익혀야 할 기술이다. 여기서는 사람의 마음을 움직이는 여섯 가지 기술을 소개하겠다.

첫째, 감정을 하나로 통합하라

중국의 유명한 시인 백거이(白居易)는 "다른 사람의 마음을 움직이려면 먼저 감정을 움직여야 한다"라고 했다. 즉, 냉정한 태도와 사무적인 말투로는 사람의 마음을 움직일 수 없고 오히려 반감만 들게 한다는 것이다.

다음 세 명의 공장장을 사례로 들어보겠다.

첫 번째 공장장이 10분 지각한 여사원에게 화난 목소리로 말했다.

"늦었군. 월급에서 깎겠어."

두 번째 공장장은 이발소에서 머리를 깎다 늦은 젊은 직원에게 웃으면서 말했다.

"자네 머리 스타일이 바뀌었네. 정말 멋있는걸. 그런데 오늘 지각했잖아. 얼른 작업장에 가서 두 배로 일하게나."

세 번째 공장장은 얼굴에 땀을 뻘뻘 흘리며 들어오는 직원에게 말했다.

"급할 것 없어. 그렇게 뛰어오면 숨쉬기 힘들잖나. 집에 무슨 일이 생긴 거지?"

이 세 명의 공장장은 모두 회사의 규정을 지키지 않은 직원을 나무랐다. 물론 상사로서 부하 직원을 나무라는 것은 당연한 일이지만 그 효과는 확연히 다르다. 왜냐하면 상대방의 마음을 움직이려는 말투에서 엄청난 차이가 있기 때문이다.

첫 번째 공장장처럼 무표정한 얼굴로 사람을 깔보듯 말하는 태도는 상대방의 반감을 불러일으키기 십상이다. 이런 경우 부하 직원은 자신의 과오를 쉽게 인정하지 않을 것이다. 두 번째 공장장은 부하 직원의 실책을 나무라는 동시에 격려를 잊지 않았다. 이런 경우 부하 직원은 자신의 잘못을 인정하고 '더 열심히 일하라'는 말을 즉시 행동으로 옮길 것이다. 더 열심히 일해서 공장장의 믿음이 담긴 격려에 보답하고자 하는 마음이 생기는 것은 물론이다. 따라서 이런 방법은 부하 직원의 업무 능률을 향상시키기도 한다. 마지막으로 세 번째 공장장은 좀 더 적극적으로 온화하고 진심이 담긴 말투로써 직원을 다독여주었다. 직원은 분명 최선을 다해 공장장의 애정에 보답하려 할 것이다.

직장 내 이해관계에서도 서로 감정이 통해야 이치가 통하는 법이다. 감정의 소통이 밑바닥에 깔려 있지 않으면 결코 사람의 마음을 움직일 수 없다.

둘째, 비유를 통해 설득하라

두 가지 사물 사이에 나타나는 공통점을 이용해서 설득하는 방법은 가장 흔한 방법인 동시에 가장 효과적인 방법이다. 비유를 통한 설득은 적은 노력으로 두 배의 효과를 볼 수 있다.

당태종(唐太宗)은 영토의 확장을 위해 젊은 남자들에게 모두 군대에 지원하라는 명을 내렸다. 재상 위정(魏征)이 이 사실을 알고 태종에게 진언했다.

"물을 마르게 하면 당장은 고기를 잡을 수 있겠지요. 그러나 내년에는 고기를 낚을 수 없을 것입니다. 산을 모두 불태우면 손쉽게 맹수를 잡을 수 있겠지요. 하지만 내년에는 분명 사냥할 맹수가 없을 것입니다. 만약 젊은이 모두를 군대로 데려가신다면 어떻게 되겠습니까? 누가 농사를 지어 나라에 세금을 바치겠습니까? 병사의 숫자보다 더 중요한 것은 제대로 훈련이 되어 있는가, 또 지휘하는 자가 능력이 있는가입니다. 그런데 어찌 병사의 수만 늘리려 하시는 겁니까!"

이에 태종은 아무 말도 못하고 군사 모집 명령을 다시 거두었다.

셋째, 격려로써 상대를 감동시켜라

격려를 하기에 앞서 전제되어야 할 것은 바로 믿음이다. 누군가를 믿고 채용하는 것은 그에게 더욱 많은 책임을 가하는 것과 같다. 따라서 채용한 사람이 훌륭하게 일을 처리하기를 바란다면 믿음직스러운 태도와 의논하는 듯한 말투로 말해야 한다.

"당신은 정말 머리가 좋군요. 기술도 뛰어나고 말이죠. 아무리 생각해봐도 이번 일에는 당신이 가장 적합한 사람인 것 같아요."

이런 말을 듣는다면 아무리 힘든 일이라 해도 즐겁게 임할 수 있을 것이다. 그러나 만약 다음과 같이 이야기한다면 어떨까?

"이번 일은 당신이 전적으로 책임을 지세요. 지금 상황이 급하니까 내일 안으로는 어떻게든 처리해야 합니다."

이 같은 명령 투의 말은 듣는 사람으로 하여금 결코 열정이나 적극성을 불러일으킬 수 없다.

넷째, 상황에 맞는 비판은 약이 된다

우리는 주변에서 흔히 다른 사람의 잘못을 날카롭게 지적하는 사람을 볼 수 있다. 상대의 기분을 고려하지 않고 너무 쉽게 비판하거나 비평하는 말을 한다면 관계에 문제가 일어날 수 있다. 하지만 좀 더 성숙한 각도에서 바라보면 비판하는 말이 곧 칭찬이 될 수도 있다. 상황에 맞는 비판이라면 오히려 상대를 설득하는 좋은 방법이 되기도 하는 것이다.

024 겸손을 표현하는 네 가지 방법

한결같이 겸손한 사람을 보면 누구나 무한한 매력을 느끼게 마련이다. 겸손함을 지닌 자는 자신의 능력을 보여주려고 애써 노력하지 않는다. 겸손한 말과 태도는 그 자체로 한 사람의 인격이나 능력을 대변하기 때문이다.

지금부터 스스로 겸손을 유지하면서 사람들에게 좋은 인상을 주는 네 가지 방법을 소개하겠다.

첫째, 자신의 성공을 자만하지 마라

칭찬에는 다 이유가 있게 마련이다. 물에 빠진 사람을 구하는 것처럼 인도적인 행동이나 불량배에게 당하는 약한 사람을 구해주는 용감한 행동처럼, 훌륭한 행동에는 칭찬이 뒤따른다. 또 학업

성적이나 업무 성과가 좋은 것처럼 자신이 하고 있는 일에서 두각을 나타낼 때도 칭찬을 받는다. 그러나 이런 칭찬을 받았을 때, 평범한 사람들 속에서 자신의 뛰어남을 인정받았다고 겸손함을 잃는다면 오히려 칭찬받기 전보다 더 안 좋은 인상을 줄 수 있다.

만유인력의 법칙으로 유명세를 떨친 뉴턴은 사람들이 그를 천재라며 추켜올릴 때 이렇게 반응했다.

"그렇게 말씀하지 말아주십시오. 저는 세상 사람들이 저를 어떻게 보든지 상관없습니다. 저는 마치 바닷가에서 즐겁게 뛰놀던 어린아이가 우연히 반짝이는 조개를 주운 것 같은 기분이거든요. 진정한 진리의 바다는 아직 저도 발견하지 못했습니다."

그는 지식이 큰 바다라고 생각했고, 자신의 성과는 그 큰 바다에서 단지 작은 조개에 불과하다고 여긴 것이다.

둘째, 지나친 겸손은 자만이다

이것은 생활 속에서 흔히 깨달을 수 있다. 가령 누군가가 여배우의 연기를 칭찬했는데 "글쎄요, 이 정도가 잘한 건가요?"라고 답한다면 겸손함이 느껴지기는커녕 도도하고 자만한 여배우라는 인상이 느껴질 것이다.

또 다른 예를 들어보자. 어떤 기자 근래에 책을 출간한 한 비평가를 만나 그의 문장을 칭찬한다.

"이번에 쓰신 글들은 정말 신랄하면서 정확해서 좋았습니다.
정말 멋진 글이었습니다."

기자의 칭찬에 비평가는 다리를 꼬며 말한다.

"그저 손장난에 불과한걸요."

비평가의 말에서 무엇이 느껴지는가? 자신의 글을 칭찬하는
기자에 대한 겸손함이 드러나는가? 겸손한 말에는 일정한 '정도'
라는 것이 있으며, 그것을 표현할 때는 그에 맞는 행동이 따라와
야 한다.

셋째, 적절한 비유를 사용하라

직접적으로 겸손한 말을 사용하는 것도 좋지만 잘못하면 자칫
가식적인 느낌을 줄 수 있다. 특히 두 사람이 있을 때, 한 사람이
다른 사람에게 이렇게 말한다고 가정해보자.

"당신은 나보다 더 멋지네요."

"당신은 나보다 더 잘하네요."

이런 식의 말은 겸손한 태도를 표현하기에 전혀 효과적인 방법
이 아니다. 이보다는 차라리 적절한 비유를 고르는 게 낫다.

어느 날, 중국 현대문학의 대학자 곽말약(郭沫若)과 모순(茅盾)
이 한자리에 모였다. 한창 즐겁게 담소를 나누는데 노신(魯迅)과
관련된 이야기를 시작했다. 곽말약이 재치 있게 말했다.

"노신 선생은 인민을 위해 봉사하는 한 마리 소가 되고 싶다고 하셨는데, 저는 소의 꼬리가 되어서 인민을 위해 봉사하고 싶습니다."

곽말약이 말을 마치자 모순은 웃으며 말했다.

"하하, 그럼 나는 소 꼬리에 붙은 털이 되어야겠군요. 털이 있어야 온갖 곤충에게 피를 빨아 먹힐 일이 없을 테니까 말입니다."

"선생도 참 너무 겸손하시네요."

이 두 거장의 대화에서 우리는 두 가지 사실을 알 수 있다. 곽말약이 노신과 비교해서 적절하게 겸손을 표현했다는 것과 모순의 지나친 겸손함이 오히려 반감을 일으켰다는 사실이다.

넷째, 칭찬하라, 그러면 칭찬받을 것이다

다른 사람을 칭찬하는 말은 겸손하다는 인상을 줄 수 있다. 어느 대학에서 강사를 초청해서 정치학 특강을 했다. 먼저 사회를 맡은 사람이 강단에 올라서서 말했다.

"이어서 정치학 박사인 왕 교수님을 모셔서 좋은 말씀을 들어보겠습니다. 모두 환영의 박수 부탁드립니다."

사회자의 소개가 끝나자 왕 교수가 마이크를 이어받았다.

"저는 사실 정치학을 전공했지만 많이 부족합니다. 오히려 방금 저를 소개해주신 분이 저보다 훨씬 많이 아실 것입니다……"

이렇게 서두를 열고 시작하여 왕 교수는 다른 사람들의 훌륭한 정치 활동을 예로 들어 칭찬하면서 이야기를 풀어나갔고, 강의가 끝나자 우레와 같은 박수 소리가 들려왔다. 강의의 주요 내용은 다른 정치인들에 대한 칭찬이었지만 결국 칭찬받은 것은 왕 교수의 자신의 풍부한 경험과 지식이 된 것이다.

025 상처 주는 말을 하지마라

말을 할 때 그 여파를 잘 파악하지 못하면 상당히 폭력적인 무기가 된다. 말 때문에 생긴 상처는 겉으로 드러나지는 않지만 마음속 깊이 오랫동안 남아 있게 마련이다.

사람들은 나쁜 이야기를 싫어한다. 나쁜 말을 들으면 기분이 상하고 화가 나거나 상대에게 되갚아주고 싶어지는 게 일반적인 사람의 마음이다. 따라서 남에게 나쁜 말을 하고 싶거나 비난하고 싶은 일이 있더라도 직접 표현해서는 안 된다. 말속에 뜻을 숨겨서 우회적으로 이야기하는 것이 비교적 안전한 방법인데, 일반적으로 많은 사람이 이것을 잘못 이용한다. 미숙한 방법으로 서운함을 표출하여 관계를 그르치지 않기 위해 반드시 기억해야 할 사항을 살펴보자.

첫째, 남과 비교하지 마라

저녁 먹을 시간이 지나도 돌아오지 않는 남편 때문에 아내가 화가 났다. 기다림에 지친 아내는 남편이 돌아왔을 때 투덜거리기 시작했다.

"이렇게 늦게 올 거면 미리 전화 한 통이라도 해야죠. 혼자 바보처럼 지금까지 기다렸잖아요. 늦게 왔으니까 음식은 다 식어버려 먹고 싶지도 않아요."

"미안해, 미안해. 막 퇴근하려고 하는데 갑자기 급한 팩스가 왔어. 물론 당신한테 야근하니까 기다리지 말고 먼저 밥 먹으라고 말하고 싶었지. 그런데 그때 마침 또 전화가 걸려 와서 한참 통화하다 보니까 시간이 늦은 거야. 거기다 부장이 와서 대리점 점주들에게 보낼 우편을 처리해달라고 일을 시키니까 어디 전화할 새가 있어야지. 전화하느니 차라리 빨리 가는 게 낫겠다는 생각에 늦어진 거야. 여보, 당신이 만든 음식은 식어도 맛있을 거야, 안 그래?"

남편의 변명에도 아내는 여전히 화가 풀리지 않았다.

"그만둬요. 맛있긴 뭐가 맛있다고. 난 화나 죽겠구만. 당신 기다리다 정말 지쳤다고요. 다른 집 남편들은 늦게 들어오게 되면 꼭 전화부터 한다는데…… 얼마나 자상해요."

연락 없이 늦게 들어온 남편 때문에 화가 난 아내는 다른 사람의 남편과 자신의 남편을 비교해서 책망한 것이다. 이 말을 들은 남편은 언짢아질 수밖에 없을 것이다.

또 한 예로 직원이 며칠간 열심히 일해서 업무를 수행했는데 상사가 그에게 "○○ 씨는 3일 만에 다 해냈다고 하는군"이라고 말했다고 생각해보자. 이 상사의 말에는 분명 직원을 질책하는 의미가 숨어 있으며 이 말을 듣는 직원은 분발해야겠다는 생각보다 반발심을 먼저 느낄 것이다. 엄마가 딸에게 "넌 왜 이렇게 옷을 더럽히니? 옆집 현주는 밥 먹을 때 흘리지 않고도 잘 먹는다더라"라고 하는 경우도 마찬가지다.

이렇게 비교하는 말을 들으면 아무리 둔한 사람이라도 상처를 받게 된다. 따라서 누군가에게 불만이 있다 해도 절대로 제삼자와 비교하지 말자. 자존심을 건드리는 말은 더더욱 금물이다.

둘째, 상대방의 기대와 수고를 무너뜨리는 건 한순간이다

한 모임에서 어느 유명인사가 45분 내내 당당하고 차분하게 연설했다. 그의 연설이 끝나자 모임의 사회자가 강단에 나와 유명인사에게 연설을 해주어 고맙다고 한 뒤 관중들에게 말했다.

"왕 선생님의 연설은 정말 대단했습니다. 그러나 제 생각에 지금까지 말씀하신 내용을 간단히 요약할 수 있을 것 같습니다."

이어 그는 단 몇 마디로 45분 동안 연설한 유명인사의 말을 요

약해버렸다. 그것은 누가 보아도 분명 관중들에게 "바보같이 몇 마디 말이면 될 것을 40분이 넘게 듣고 있었지!"라고 말하는 것과 같은 태도였다.

다른 예를 들어보자. 아내가 미용실에 가서 파마를 하고 왔다.

"여보, 어때요? 예뻐요? 이게 올해 최고로 유행하는 머리래요!"

그러자 남편이 심드렁하게 대꾸한다.

"예쁘긴, 꼭 새집 같다."

이때 남편의 말을 들은 아내의 심정은 어떨까?

상점을 운영하는 K 씨가 골프장에서 은으로 된 트로피를 타왔다. 그는 아내에게 어렵게 대회에서 4등을 해서 은으로 만든 트로피를 받았다고 흥분하며 자랑스럽게 말했다. 그런데 아내는 트로피를 힐끗 한 번 보더니 "그거 팔면 얼마나 준대요?"라고 되물었다. 아내의 말을 들은 남편은 트로피를 탔을 때의 기쁨과 보람이 씻은 듯 사라졌을 것이다.

사람들은 당신의 가시 돋친 한마디에 진정 어떤 뜻이 담겼는지 파악하고자 한다. 따라서 말을 가려가며 사용하지 않으면 상대의 자존심을 건드리기 십상이다. 날카로운 말로 상대를 무시한다 해서 당신에게 돌아오는 이익은 없다. 만약 다른 사람을 칭찬할 일이 있다면 그의 노력을 깎아내려 하지 말고 진심으로 칭찬해주자. 칭찬에 인색하면 사람들은 당신에게서 점점 멀어지게 될 것이다.

셋째, 요구할 것이 있으면 표현하라

물론 직접적으로 표현하는 것도 좋은 방법이지만 때로는 부드럽게 암시를 하는 것이 더 효과적일 때도 있다.

가령 토요일에 남편과 데이트를 하고 싶을 때 이렇게 말하는 것이다.

"토요일 같은 때 영화 한 편 보러 가면 얼마나 좋을까?"

직접적으로 영화를 보러 가자는 말을 하지 않아도 이 정도면 남편도 아내의 의도를 충분히 알 수 있다. 이렇듯 직접적으로 요구하는 것보다 에둘러 표현하는 것이 훨씬 효과적일 때가 있다. 또 누군가와 함께 이야기할 때 앉았던 자리에서 일어나 미소를 짓는다면 대화가 끝났다는 말을 직접 하지 않아도 알 수 있을 것이다.

우리는 상황에 따라 자신의 의사를 암시적으로 표현할 것인가, 직접적으로 표현할 것인가를 잘 선택해야 한다. 서로를 잘 모르는 사이끼리 우회적인 표현만을 한다면 자칫 오해가 쌓일 수 있다.

mentor ● 말속에 다른 뜻을 담아 상대를 대하는 것은 상황에 따라 일종의 지혜로운 재치가 될 수 있다.

남을 기쁘게 하려면
어떻게 말해야 하는가

삶을 즐겁게 사는 사람은 난처한 상황이 올 때마다 유머를 통해 그 순간을 웃음바다로 바꾼다. 유머는 행복한 생활의 원천이자 인간관계의 윤활유와도 같다. 일상생활 중에 난처한 상황에 직면해서 스트레스가 쌓일 때가 많은데, 유머는 이럴 때 가장 유용한 무기가 된다. 또한 다른 사람에게 자신을 널리 알릴 수 있는 가장 좋은 홍보 역할을 하기도 한다.

즐겁게 사는 사람은 다른 사람과 함께 있을 때 즐거운 대화로 분위기를 이끌어나갈 수 있고 그로써 상대로 하여금 자신에 대한 호감을 갖게 한다. 즉, 유머는 사람들과의 대화를 순조롭게 이끄는 윤활유가 된다. 여기서 중요한 것은 상대방의 흥미와 연령, 직업에 따라 적당한 화젯거리를 선택해야 한다는 점이다. 예를 들어 처음 만난 어떤 여성에게 "애인이 무슨 일을 해요?" 혹은 "나이가 어떻게 되세요?"라고 묻는다면, 상대방은 당신을 예의를 없는 사람으로 생각할 것이다. 또한 처음 만난 사람의 신상을 지나치게 꼬치꼬치 따져 묻는 태도도 좋은 인상을 줄 수 없다. 자연스럽게 대화를 하려면 우선 "혹시 운동 좋아하십니까?", "그 치마 정말 예쁘네요!" 등 상대방의 취향이나 취미, 흥미에 맞는 가벼운 이야깃거리로 대화를 시작해야 한다. 하지만 상대방의 신체, 즉 외모의 구체적인 부분을 화제로 삼는 것은 피해야 한다. 뚱뚱하다거나 머리숱이 적다는 등 상대방이 감추고 싶어 하는 신체와 관련된 문제는 말할 것도 없다. 이 밖에도 개인의 생활 방식이나 생각과 연관되어 있는 정치나 종교, 사상에 관한 이야기 역시 피하는 것이 좋다.

당신은 어떤 대화 습관을 가지고 있는지 돌아보라. 가령 말을 너무 빨리 하지는 않는가? 만약 그렇다면, 듣는 사람들은 당신을 다소 신경질적인 사람으로 생각할 것이다. 또 반대로 말을 너무 느리게 한다면 자신감이 결여된 인상을 줄 소지가 있다. 말을 할 때 어려운 단어를 섞어서 말하지는 않는가? 그렇다면 그것은 안정감이 없다는 표시이며 불평 섞인 말투로 말한다면 자기 방관적인 성격으로 인격이 성숙하지 못했음을 나타낸다.

유머는 진지하고 자연스러운 것이다. 유머 안에는 자신이 가진 신념과 지혜에 대한 여유로움 그리고 일종의 가벼운 미소가 포함되어 있다. 만약 당신이 이것을 자연스럽게 드러내는 비결을 터득한다면 주위 사람들은 물론 자신까지도 즐거운 생활을 향유할 수 있을 것이다. 다른 사람을 즐겁게 할 수 있는 화술은 모두 즐거운 마음에서 비롯된다. 모든 사람은 즐겁게 생활할 권리가 있으며, 다른 사람에게 즐거움을 줄 때 자신 또한 즐거움을 느낄 수 있다.

즐겁게 사는 사람은 또한 다른 사람을 격려해줄 수도 있다. 자신감은 인생의 큰 미덕으로, 세상과 싸워 승리할 수 있는 귀한 무기이다. 자신감에 가득 찬 사람과 함께 생활한다면, 당신은 충분히 유쾌할 것이다. 또한 절망과 좌절에 빠졌을 때 긍정적이고 자신감 있는 태도를 가지고 극복해나갈 수도 있을 것이다. 이런 사람은 스스로가 가진 인격 그 자체로 다른 사람을 격려한다. 이렇듯 즐겁게 사는 사람은 사람들에게 미소를 전달하는 마력이 있다.

누구나 다른 사람들이 자신을 좋아해주고 주시해주길 원한다. 만약 당신이 진실하고 유쾌한 미소를 가졌다면 사람과의 거리감을 줄일 수 있고, 사람 사이의 마찰도 일어나지 않을 것이다. 살아가는 데 미소라는 신비한 마력을 거절할 사람은 없다.

mentor ● 즐겁게 사는 사람은 주변 사람들까지도 즐겁게 해주지만 그에 대한 대가를 바라지 않는다. 세상에 자신을 즐겁게 해주는 사람을 싫어할 사람은 없다. 또한 자기 자신이 기쁘지 않고서는 상대방을 즐겁게 해줄 수도 없다. 따라서 우리는 스스로 즐거워지는 방법을 먼저 찾아야 한다.

027 잡담에도 수준이 있다

'잡담'이란, 말 속에 공격성이 전혀 없는 대화를 뜻한다. 한 주 내내 긴장 속에서 업무를 보다가 휴일이 되면 사람들은 함께 모여서 긴장을 풀어줄 차와 간식을 놓고 이런저런 이야기를 한다. 이때 사람들은 가볍고 편안한 마음으로 자신이 최근에 보고 듣고 느끼고 생각한 바를 허심탄회하게 말한다. 이런 편안한 시간을 가지면 기분이 회복되고 긴장이 풀려 다시 일상을 시작할 원동력이 생긴다.

그렇다면 사람들과 가벼운 잡담을 나눌 때 주의할 점으로는 무엇이 있을까?

첫째, 편하게 이야기할 수 있는 주제를 찾아라

잡담을 처음 시작할 때는 주제를 찾기 어려울 수도 있지만 그것은 발원지와 같은 것으로 매우 중요하다. 대화 주제는 공통적으로 흥미가 있고, 많은 사람이 참여할 수 있고, 마음껏 이야기할 수 있는 것이어야 한다. 만약 대화 주제가 단지 몇 마디로 끝날 정도로 짧고 한정적이거나, 너무 뻔해서 사람들이 재미를 느끼지 못할 만한 것이라면 피하는 것이 좋다. 모두가 말할 수 있고 거침없이 말할 수 있는 것이어야 한다. 따라서 잡담을 할 때에도 상대방과 집단의 성격에 따라 다르게 해야 하는 것이다. 일반적으로 동창과 같은 오랜 친구와의 잡담에서는 과거를 회상하는 게 가장 좋은 대화의 주제이다. 중년에는 친구나 가정, 자녀, 직업과 같은 경험에서 우러날 수 있는 것들이 대화의 주제가 되고, 노년에는 건강이나 여가 생활에 대한 것들이 대화의 주제가 될 수 있다. 또 고상한 취미를 가진 사람을 만났다면 벽에 걸린 그림이나 탁자에 놓인 읽을거리 등이 가장 좋은 대화 주제가 될 것이다. 세상 물정에 밝은 사람과는 사업의 성공과 명성에 대한 이야기가 적합하다. 일반적으로 가장 무난한 대화 주제는 뉴스일 것이다.

둘째, 언어는 이해가 쉽고 듣기 편한 것이 적합하다

좋은 대화의 주제를 정했다 하더라도 대화를 하면서 사용하는 언어가 너무 전문적이거나 딱딱하다면 상대방이 뒤로 물러설 수 있다. 그러므로 지나치게 어려운 단어로 대화가 흘러가지 않도록 유의해야 한다. 가볍고 재미있는 언어를 자주 사용하는 것이 편안한 분위기를 이끌어가는 가장 좋은 방법이다. 또한 이해하기 쉬운 표현과 의성어를 많이 사용하고 유머러스한 언어를 섞어서 유쾌한 분위기를 만든다면 모든 사람이 편안함과 유쾌함을 느끼며 대화에 참여할 수 있을 것이다.

셋째, 대화를 독점하지 마라

대부분의 사람은 잡담할 때 반드시 말을 많이 해야 한다고 생각한다. 심지어 어떤 사람은 쉬지도 않고 거침없이 청산유수처럼 말을 쏟아내면서 대화를 독점하려고 한다. 그러나 잡담은 여유롭고 순조롭게 진행되어야 한다. 따라서 말을 하는 것도 일종의 무언의 예술, 즉 다른 사람의 이야기를 듣고 동조하는 식이 되어야 한다. 적당한 시기에 적당한 대화 주제로 중요한 듣는자(聽者)가 되고, 상대방의 말에 적절히 호응하는 여유를 가지자. 칭찬도 하고 때로는 반대 의견도 내며 사람들에게 생각할 거리를 만들어주기도 하는 것이다. 듣는 행위는 무언의 동조와도 같은 것이다. 또한 상대의 말을 다 들은 후에 간단한 호응과 피드백을 주는 것 또한 듣는 사람으로서의 대화 수준을 표현하는 방식이다.

넷째, 대화의 주제를 끊을 줄도 알아야 한다

편하게 이야기할 때도 전형이 있다. 수준 있는 잡담은 사람들로부터 정보를 얻고 말하는 기술을 단련할 수 있으며 심신 건강에도 도움을 준다. 그러나 저속한 잡담은 오히려 시간만 낭비하는 격이 된다. 사람들의 대화 방식은 가지각색이다. 어떤 사람은 당황스러운 이야기를 하고, 듣고 싶지 않은 저속한 주제로 대화를 이끌어가려 하기도 한다. 이런 상황에서 당신은 대화 주제를 끊어 다른 주제로 이야기할 수 있도록 해야 한다. 예를 들어 사람들이 저속하거나 음흉한 이야기를 하고 있다고 생각해보자. 그럴 때는 "이런 말은 틀림없이 가정교육과 관계가 있습니다. 그 예로 내가 아는 어떤 사람은요……" 하고 가정교육과 사회문제의 심각성에 대한 주제로 넘어갈 수 있다. 그런데 무뚝뚝한 어투로 "어떻게 그런 이야기를 할 수 있어요? 차라리 경제 이야기나 하죠"라고 말한다면 찬물을 끼얹는 듯 분위기를 깨고 대화에 대한 사람들의 흥미를 없앨 것이다. 따라서 이처럼 노골적으로 주제를 비난할 것이 아니라 상대방이 눈치 채지 못하게 은근슬쩍 화제를 전환하는 것이 현명하다.

mentor ● 이야기할 내용은 매우 일상적인 것으로 정해진 주제가 없기 때문에 아주 광범위하다. 크게는 정치, 문화, 예술 등이 있고 작게는 동네 골목 길가에서 일어난 일, 가정의 대소사, 그 밖의 일상에서 벌어지는 이런저런 일들이 있다. 사람들은 대화를 하면서 서로 간의 생각을 교류하고 공감하며 새로운 정보를 얻는다. 대화의 주제가 광범위한 만큼 정보의 양도 방대하다. 무엇보다 자유로운 분위기 속에서 허심탄회하게 자기 의견을 말할 수 있다는 것이 이야기를 나누는 또 하나의 매력일 것이다.

028 잡담을 잘하는 기술

잡담은 매일 먹는 밥처럼 누구에게나 필요하다. 왜냐하면 중요한 회의를 할 때도 사람들은 정식으로 토론을 하기 전에 대체로 가볍고 편안한 이야기로 먼저 긴장을 풀기 때문이다. 대체로 변호사나 작가, 신문기자 그리고 연기자들이 잡담을 잘 활용한다. 그들은 어떻게 해야 가볍고 편안하게 이야기를 시작하는지 잘 알고 있으며 적당한 잡담 후에 본래 하고자 하는 이야기를 꺼내 효율적으로 목적을 달성한다.

대화 주제를 찾을 때에는 정치와 종교, 이 두 가지 주제에 대한 언급은 하지 않는 것이 좋다. 이런 종류의 문제는 격렬한 언쟁이 일어날 소지가 다분하므로 편안한 분위기를 유지하기 어렵기 때문이다. 가장 바람직한 것은 작은 주제라 해도 그다지 심각하지 않은 사건들을 선택하는 것이다. 주제가 가벼워야 상대방이 받아들이기 쉽다. 그래야만 상대방은 당신이 훈계를 한다고 생각하지 않을 것이고 허풍을 떤다거나 혹은 자신의 주장을 떠벌리고 있다고 생각하지 않을 것이다.

잡담을 할 때 가장 쉽게 저지를 수 있는 실수는 상대방의 직업에 관련된 이야기를 하는 것이다. 의사에게 수술에 관한 이야기를 한다거나 장사꾼에게 돈 버는 이야기, 국회의원에게 정치에 대한 이야기를 하는 등 그들이 늘 하고 있는 일에 대해 말하는 것이 바로 그 예다. 사람들은 매일같이 자기가 종사하고 있는 일을 반복하고 있다. 그런데 가볍게 잡담하는 자리에서조차 이런 이야기를 한다면 겉으로는 대화에 응할지라도 속으로는 몹시 지루해할 것이다. 한 예로 미국의 전 대통령 케네디는 개인적인 친분이 있는 사람들과 정치 이야기를 하는 것을 제일 싫어했다고 한다. 그러나 사람들은 계속 그를 찾아와 정치 이야기만 했고, 행사가 있을 때도 그와 토론하기를 원했다고 한다.

그렇다면, 우리는 잡담을 할 때 어떤 주제를 가지고 이야기해야 할까? 가장 좋은 방법은 신문이나 잡지를 자주 읽어보고, 다방면으로 상식을 늘리는 것이다. 폭넓은 상식을 가지면 이야깃거리도 다양해진다. 그러나 만일 그렇지 않으면 "안녕하세요?", "오늘 날씨 좋죠?" 등의 일상적인 인사 말고는 달리 할 말이 없을 것이다. 한 예로 최근 화제의 인물들을 소재로 이야기하는 것 역시 대화의 좋은 주제가 될 수 있다. 이 밖에도 어느 지역에 새로운 음식점이 개점했다든지, 어디가 휴가를 보내기에 좋다든지, 사회적으로 이슈가 되는 사건들에 관한 이야기는 모두 서두로 꺼내기에 좋은 주제들이다.

'침묵은 금이다' 라는 말은 사실 오늘날의 시대를 살아가는 데 전혀 도움이 안 되는 말이다. 또 때에 따라서는 침묵이 금이 아니라 예의에 벗어난 행동이 되기도 한다. 오히려 침묵을 깨고 환하게 웃으면서 분위기를 띄울 수 있는 사람이 모두에게 환영을 받는다. 이런 사람들이 가진 특징은 딱딱한 회의장에서도 침묵을 깨고 사람들이 지루해하지 않게 하는 것이다. 또한 대화의 주제가 달라지는 것에도 빠르게 적응함과 동시에 모든 사람과 골고루 이야기를 나누고, 친목 활동을 위해 잡담을 계속 이어가면서 모두를 즐겁게 해준다. 그러나 만약 여전히 침묵은 금이라고 굳게 믿는 사람과 오랫동안 함께해야 한다면 차라리 집으로 돌아가 각자 텔레비전을 보거나 소설을 읽는 편이 나을 것이다.

다음 여섯 가지 주의 사항은 잡담의 기교를 발전시키는 데 도움을 줄 것이다.

첫째, 새로운 장소와 사람들을 찾아라

친구와 함께 어떤 회의나 파티에 참석했다면 오랫동안 한곳에만 앉아 있지 말라. 그럴 경우 사람들은 당신을 재미없는 사람으로 생각할 것이다. 차라리 사람들이 모여 있는 곳으로 가서 다른 사람들이 무슨 이야기를 하는지 들어보고, 기회를 보아 자신의 의견을 말하는 것이 좋다. 만약 이야깃거리가 바닥났다면 대충 말을 둘러대고 그 자리를 떠나 다른 곳에 가서 이야기 상대를 찾는다. 이런 방법이라면 파티나 회의에서 대화할 수 있는 상대를 찾기 쉽고, 많은 친구들을 사귈 수 있을 것이다.

둘째, 적극적으로 분위기를 이끌어라

만약 앉아서 진행되는 파티에 참석했다면 적극적인 태도를 보여라. 이럴 때는 좌우와 맞은편의 사람에게도 일종의 의무감을 갖고 한 사람이라도 소홀하게 대해서는 안 된다. 그리고 식사 시간이 있다면 음식이 나오기 전에 이야깃거리가 모두 떨어지지 않도록 해야 한다. 만약 할 말을 미리 다 해버린다면 식사를 마친 후 화젯거리가 떨어져, 서로 눈을 어디에 두어야 할지 모르고 멀뚱멀뚱 쳐다만 보는 상황이 되어버린다. 잡담의 기교에 능한 여성이 처음 만나는 여자 분과 이야기할 때, 주로 하는 말은 항상 같다.

"와! 지금 그 목걸이(혹은 팔찌, 반지) 정말 예쁘네요. 선물 받으신 건가 봐요?"

"지금 신고 있는 신발 어디서 사신 거예요? 너무 예뻐서 저도 사야겠어요."

아마도 예외 없이 이런 질문을 받은 상대방 여성은 모두 긍정적으로 생각하고 즐겁게 말을 이어갈 것이다.

셋째, 분위기를 파악하라

말을 잘하는 것만큼이나 중요한 것이 바로 분위기를 잘 파악하는 것이다. 혹시 당신은 어색한 침묵이 두려워 무슨 말이든 해야 한다는 생각으로 '썰렁한 개그'를 하고 있진 않은가? 웃긴 이야기는 반드시 상황과 상대방을 잘 살펴보고 해야 한다. 만약 제대로 파악하지 못했다면 차라리 다른 사람이 웃긴 이야기가 끝날 때까지 들으면서 기다리는 것이 낫다.

넷째, 참여도가 높은 주제를 선택하라

잡담 거리는 흥미가 생기는 주제, 모든 사람이 다 알고 있는 주제를 선택해야 한다. 만약 아무도 모르는 이야기를 한다면 당연히 사람들의 흥미를 유발할 수 없을 것이다.

다섯째, 뒷담화는 금물이다

한 모임에 참석해서 옆 자리에 앉은 사람에게 "저기 저 여자 좀 봐요. 어떻게 옷을 저렇게 입을 수가 있죠? 성형도 무진장 한 거 같아요"라는 식의 귓속말을 하는 사람이 있는데, 아무리 잡담이라 해도 다른 사람을 상대로 꼬투리를 잡거나 비아냥거린다면 유익한 대화도 아닐뿐더러 자신의 이미지만 나빠질 것이다.

여섯째, 지나친 수다쟁이는 환영받지 못한다

만약 당신의 말을 듣는 사람이 반응이 좋지 않다면 얼른 말을 멈추고 상대의 말을 듣는 것이 좋다. 그런 상황에서 억지로 자신의 이야기를 계속 이어나간다면 말이 길어질수록 상대방의 마음은 닫힐 것이다.

mentor ● 이야기를 잘하는 사람은 말을 함으로써 즐거운 분위기를 조성할 수 있다. 따라서 다른 사람보다 지식이 많지 않거나 재미있는 이야기를 할 수 없으면 굳이 주체가 되어 분위기를 이끌어나가지 않아도 된다. 사실 잡담을 잘하는 기술에는 어떤 대단한 비밀이 있는 것도 아니고, 굉장히 힘든 일도 아니다. 먼저 말하는 태도를 가볍고 편안하게 한 뒤 상대방이 좋아할 만한 대화 주제를 찾아 그 속에 자신의 의견을 섞어서 이야기하는 것이 좋다. 또 말을 마친 다음에는 다른 사람의 말을 주의 깊게 경청하면 된다.

029 말을 잘하는 비결

좋은 말투는 성공의 지름길이며, 좋지 않은 말투는 사람들에게 영원히 좋지 않은 인상을 남길 수 있다. 우리는 생활하면서 주위 사람들의 말투에 저마다 특징이 있다는 걸 느낄 수 있다. 예를 들어 어떤 사람은 청산유수처럼 술술 말을 잘하는가 하면 또 어떤 사람은 말의 핵심이 무엇인지 헷갈리게 더듬더듬 말한다. 또 언제나 무겁고 의미심장한 말만 하는 사람이 있는가 하면, 재미없고 고지식한 단어를 사용하여 말하는 사람도 있다. 또한 짧은 이야기도 흥미진진하게 말하는 사람이 있고 생각 없이 함부로 말하는 사람도 있다. 이렇듯 다양한 말하기 방식에 따라 전달 효과 또한 천차만별이다. 그래서 말재주가 고수의 경지에 이르려면 먼저 이 방법들의 오묘한 차이를 파악해야 할 것이다.

당신의 말이 다른 사람들에게 받아들여지고 아니고는 상대방이 당신에게 갖는 신뢰에 의해 결정된다. 사람들의 신뢰를 높이려면 옷을 입을 때 상황에 맞게 입고 자연스러운 말투와 생기 있는 눈빛, 평온한 표정도 잊지 말아야 한다.

상대방의 의견을 받아들이는 방식도 사람마다 다르다. 그렇다면 대하는 사람의 특성에 따라 말하는 방식을 어떻게 달리해야 하는지 알아보자. 먼저 고집이 센 사람에게는 순서를 따져가며 설득하려 들면 안 된다. 왜냐하면 고집이 센 사람은 남의 말을 잘 듣지 않고 작은 일에도 쉽게 흥분할 수 있기 때문이다. 과장해서 말하는 것을 좋아하는 사람에게는 속마음을 그대로 말하면 안 되기 때문에 설득하는 데 다소 어려움이 있다. 반면 천성이 조용한 사람은 매사에 적극적인 태도가 부족하기에 열정을 불러일으킬 수 있도록 말해야 한다. 성격이 급하고 쉽게 화를 내는 사람에게는 간단하고 정확하게 말하는 것이 중요하고, 생각이 완고한 사람에게는 그 사람의 관심사로 먼저 이야기를 꺼내서 다음 이야기로 발전시켜야 한다. 또한 평소와 다르게 정서가 불안한 사람에게는 정상적으로 회복되기를 기다린 다음 말하는 것이 현명하다.

상대방에게 어떤 말을 할 때는 그 내용뿐만 아니라 말하기 전과 후의 관계에 대해서도 고려해봐야 한다. 예컨대 다음과 같은 점검이 필요하다.

- 누구에게 무엇을 말할 것인가?

- 그 내용을 말하려고 하는 목적은 무엇인가?

- 어떤 방법으로 말할 것인가?

- 그것을 말한 뒤에 누구에게 어떤 이익이나 불이익이 오는가?

- 추후에 일어날 일에 대한 대처는 어떻게 할 것인가?

어느 날 미국의 전 국무장관 헨리 키신저가 주은래 전 중국 총리에게 말했다.

"우리 미국 사람들은 길을 걸을 때 대부분 가슴을 펴고 걷는데, 중국인들은 몸을 약간 구부리고 걷는 것을 좋아하는 것 같습니다. 왜 그런 것입니까?"

키신저의 질문을 듣고 전 총리는 우선 그의 말에 악의가 있는지, 농담 식으로 그냥 웃자고 한 말인지를 판단해야 했다. 그다지 기분 좋은 이야기는 아니지만 그렇다고 명백한 악의를 가지고 한 말도 아니었기 때문에 그는 더욱 긴장했다. 당시 국제적인 분위기가 대립 상태는 아니었고, 그의 말이 기본적으로 사실이긴 했으나 중국인을 조롱하려는 의도가 내포되어 있는 것 같았기 때문이다. 그러므로 지나치지 않은 한도 내에서 적당히 되받아칠 대답이 필요했다. 그는 큰 소리로 웃고 난 뒤 다음과 같이 말했다.

"잘 보셨습니다. 우리 중국인들은 지금 비탈길을 올라가고 있으니 당연히 허리가 구부러질 수밖에 없죠. 미국인들은 지금 비탈길을 내려가고 있으니 당연히 가슴을 펼 수밖에 없고요.”

그야말로 정확하고 민첩한 임기응변이었다. 논쟁에 정당하게 대응하는 동시에 상대방에게 비난의 화살을 그대로 돌려준 것이다. 물론 절반 정도는 농담의 뉘앙스를 유지하면서 말이다. 다시 말해 두 사람의 친밀한 분위기에 영향을 주지 않으면서도 자신의 역량을 드러낸 답변이었다. 이는 주은래 전 중국 총리의 탁월한 대화 기술을 보여주는 대표적인 사례다.

시원시원한 성격을 싫어하지 않을 사람은 없다. 여성 또한 마찬가지다.

“당신은 술을 잘 마십니까?”

“그럼요.”

“술을 잘하시나요?”

“당연하죠. 저희 집안 어른들께서 술을 너무 많이 드셔서 집이 망할 정도였거든요.”

이런 여성은 남들에게 강한 인상을 남긴다. 단지 시원스러운 성격 때문에 강하게 느껴지는 것이 아니라, 대범하고 융통성 있는 모습이 상대방으로 하여금 편안한 느낌을 갖게 하기 때문이다.

남성이든 여성이든 대화 감각은 뛰어날수록 좋다. 풍부한 어휘와 다양한 언어 구사력의 중요성은 말할 것도 없다.

mentor ● '언어는 마음의 소리' 라 했다. 우리가 일상적으로 사용하는 말은 모두 우리의 사고와 문화 교양의 수준, 도덕적인 정서 등에 중요한 영향을 받으며 결정된 것이다. 언어는 정교한 하나의 예술과도 같다. 같은 생각을 가졌다 하더라도 서로 다른 말이 나올 수 있고, 그로써 서로 다른 효과가 야기될 수 있다는 사실을 기억하라.

030 생동감 있게 표현하라

어색한 어휘력으로 늘 경직된 인상을 주는 사람이 있다. 그들은 재미없는 단어와 딱딱한 말투를 사용해서 남들에게 쉽게 지루함을 준다. 대체로 이런 사람과 대화를 하면 흥미를 느끼기 어렵다. 그러나 생동감 있는 언어 표현 방법을 배운다면 마치 모든 것이 깨어나는 봄처럼 생생하고 매력적으로 말할 수 있을 것이다. 다음은 생동감 있는 언변으로 대화를 자연스럽게 이끌어가는 방법들이다.

1. 일상적이고 친숙한 언어 선택

언어의 전달 방식은 크게 말과 글로 나뉜다. 문자로 언어를 전달하는 것은 입으로 언어를 전달하는 방법과는 다르다. 소리로 전달되는 언어는 한 번 내뱉으면 공기 중의 연기처럼 순식간에 흩어진다. 다시 말해 말은 일회성을 지녔기 때문에 오랜 시간 지속되거나 먼 곳까지 전달되기 어렵다. 따라서 필요에 따라 글로써 말의 전달 효과를 높이는 것이다.

생동감 있게 말을 하려면 오랫동안 생각한 멋지고 화려한 표현보다 생활에서 쓰이는 일상적인 용어를 사용하는 것이 좋다. 일상적인 용어는 단어의 선택이 쉽지만 그 속에 소리로 전달되는 언어가 갖는 다양한 매력과 기교를 갖추고 있다.

2. 쉽고 대중적인 주제

생동감 있게 말하려면 심오하고 이해하기 어려운 어휘 사용은 피하고 통속적이면서 이해하기 쉬운 내용을 다뤄야 한다. 사람들은 대개 통속적이면서도 이해하기 쉽게 말하는 것이 더 수월하다고 생각하지만 실은 어려운 것을 어렵게 말하는 것보다 어려운 것을 단순하고 쉽게 풀어서 말하기가 더욱 힘든 법이다.

이야기의 전달 효과를 높이려면 쉽게 이해할 수 있는 말로 인상적인 부분과 복잡한 사건, 중요한 문제, 계속되는 사물에 관한 이야기를 표현해야 한다. 배경 지식은 아무것도 없는데 무턱대고 어려운 표현만 쓴다면 아무런 쓸모없는 말이 될 뿐이다.

3. 꾸밈없이 간결한 문장

TV나 라디오에서 뉴스를 들을 때 모든 내용을 귀 기울여 완벽하게 들을 수는 없다. 만약 말을 전하는 사람이 빙빙 돌려 말하거나 중언부언 이야기한다면 더 잘 알아듣지 못할 것이다. 따라서 말을 할 때는 화려하게 꾸미기보다 간결하고 정확하게 전달하는 데 중점을 두고 자연스럽게 말해야 한다.

4. 간결하고 명확한 전달력

말을 할 때는 한 문장 속에 하나의 의미와 관점을 동시에 표현해야 한다. 대표적인 예로 뉴스를 들 수 있다. 빠른 속도로 정보를 전달해야 하는 상황이라면 최대한 간결하게 말하라. 사건을 기승전결에 따라 명확하게 진술하는 것이야말로 가장 빠른 의사전달 방법이다.

5. 말에 생동감을 부여하는 요소들

서투르고 어색한 말은 사람들에게 재미없고 무미건조하다는 느낌을 준다. 그렇다면 어떻게 해야 생동감 있게 말할 수 있을까?

첫째, 큰 소리로 말할 수 있는 언어를 선택한다. 가령 '즉각' 보다는 '빨리' 로, '기후' 보다는 '날씨' 로 바꾸어 말하는 식이다.

둘째, 추상적인 내용을 구체적으로 말한다. 다시 말해 기억하기 어려운 숫자를 기억하기 쉽게 바꾸어 말하는 것이다. 예를 들어 '미래에는 중국의 노년층이 늘어날 것이다' 라는 말보다 '2020년이 되면, 한국인 세 명 중 한 명은 50세 이상이 된다' 와 같은 말이 기억하기 훨씬 쉽다.

셋째, 과장된 문장이나 명령문을 사용하지 않는다. 소설이나 시처럼 문학에서 사용하는 문장은 아무리 생동감이 느껴지더라도 일상생활에서 사용하기에는 적당하지 않다. 또한 명령조의 말은 상대방으로 하여금 반감을 불러일으키므로 삼가는 것이 좋다.

6. 풍부한 리듬감

언어는 리듬감이 풍부해야 한다. 리듬감이 강한 말투는 사람들에게 정답게 들릴 수 있고 쉽게 기억시킬 수도 있기에 듣는 사람이 편하게 받아들인다. 또한 리듬감을 더욱 강하게 하면 생동감을 살리고 공감을 이끌어낼 수 있다. 시종 단조로운 어조를 유지하며 우물쭈물 말한다면 듣는 사람은 쉽게 따분해하고, 집중하지 못하며 경청하기 힘들 것이다.

> mentor ● 생동감 있게 말하려면 다양한 표현 방식을 구사하는 것이 좋다.

031 'No'라고 말하는 방법

거절하는 방법은 어떻게 익혀야 할까? 많은 사람이 이 문제로 골치를 앓는다. 대개 다른 사람의 부탁을 쉽게 거절하지 못하는 사람들은 다음과 같은 특징을 갖고 있다.

우선 그들은 다른 사람의 애정에 집착한다. 이런 사람은 상대방이 자신을 좋아해주기를 바라기에 다른 사람의 요청을 쉽사리 거절하지 못한다. 그러나 이런 태도는 오히려 다른 사람으로 하여금 자신을 깔보게 만들 수 있다는 사실을 알아야 한다.

두 번째로 자신이 책임져야 할 것이 어느 정도 되는지 정확히 파악하지 못하는 사람이 그러하다. 또 지나치게 엄격한 도덕심을 갖고 있어 남의 부탁을 거절하면 죄책감을 느끼는 사람이 있다.

마지막으로 자신을 누구보다 낮은 사람이라고 여기는 사람이 그런 경향이 있는데, 이런 사고방식을 가진 사람은 다른 사람에게 통제당하고 조정당할 가능성이 크다.

어떤 이유에서든 'No'라는 말은 감정적으로 해서는 안 된다. 과거에 어떤 일을 겪었든 상대방의 요구에 거절하기 전에는 그에 따른 적절한 이유를 준비해야 한다. 만약 다른 사람의 부탁을 들어주기엔 상황이 여의치 않거나 그 부탁이 부당한 일인데도 싫다고 말하는 것이 두려워서, 혹은 불편해서 억지로 들어주는 편이라면 아래와 같은 방법을 쓸 것을 권한다.

첫째, 상대방이 당신에게 받아들이기 힘든 요구를 하기 전에 미리 마음의 준비를 해놓는다. 누구나 살면서 '곤란한 부탁' 한 가지씩은 받게 될 것이므로 무방비 상태로 있다가는 그것 때문에 혼자 끙끙 앓게 될 가능성이 높다.

둘째, 미리 거절할 말을 연습하고 사용할 단어를 몇 가지 준비해본다. 가령 아래와 같은 문장을 거울을 보며 큰 소리로 몇 번이고 연습하는 것도 좋다.

"죄송합니다. 요즘 당신에게 안 된다는 말만 하게 되는군요."

"요즘 정말 발바닥이 불이 날 정도로 바빠요. 미안해서 어쩌죠? 부탁을 들어드릴 수가 없네요."

셋째, 변명을 하는 것은 곤란하다. 만약 거절한 이유가 있다면 그 이유를 분명히 밝히는 것이 가장 좋은 방법이다. 이유는 여러 번 강조하여 말할 필요 없고 간단하고 명확하게 한 번만 말한다. 자신감을 갖고 당당하게 'No'라고 말하면 된다.

'No'라고 말한 후에는 그 입장을 유지해야 한다. 당신이 만약 처음에 거절한 뒤 나중에 허락한다면 즉, 행동을 바꾼다면 상대방은 당신이 주관 없이 생각을 잘 바꾸는 사람이라고 여길 것이다. 그리고 무엇보다 중요한 것은 거절한 뒤에 죄책감을 느끼지 않는 것이다.

거절하는 것은 당신의 입장에서 충분한 이유가 있기에 정당한 것이다. 상대의 요구와 조건을 백 퍼센트 만족시켜주어야 한다는 의무감에서 벗어나라.

자연스럽게 거절하는 방법과 거절을 할 때 주의해야 할 점으로 무엇이 있는지 살펴보자.

첫째, 침묵으로 'No'를 표현하라

가령, 상대방이 당신에게 "알렉산더 대왕을 좋아하십니까?"라고 물었다고 가정하자. 만약 좋아하지 않는다면 굳이 말로 표현하지 않고 미소만 짓고 있어도 상대방은 확실히 당신의 생각을 알 수 있을 것이다. 또 별로 친하지 않은 친구가 저녁 파티에 참석해줄 것을 요청하는 초대장을 보내왔다면 답신을 하지 않는 것만으로도 그 파티에 불참한다는 의사를 대신할 수 있다. 이처럼 아무 말을 하지 않는 것은 상대에게 직접 'No'라고 말하지 않아도 당신의 의사를 가장 잘 전달할 수 있는 효과적인 표현이라고 할 수 있다.

둘째, 거절도 융통성 있게 하라

정당한 사유와 분명한 사정이 있다면 직접적으로 거절하는 것이 가장 좋은 방법이다. 그런데 애매한 이유로 상대방의 말을 들어주기 불편할 때가 있다. 이런 경우에는 융통성 있게 거절하는 것이 중요하다. 예컨대 일요일에 낚시를 하러 가자는 친구의 권유가 내키지 않을 때 이렇게 말하는 것이다.

"낚시 좋지. 근데 이제부터 일요일엔 가족들과 함께하기로 와이프랑 약속을 해서 말이야."

셋째, 다른 핑계 거리를 대라

당신이 만약 호텔에서 근무하는 사람인데, 손님이 방을 쓰다 말고 바꾸어달라는 무리한 요구를 했다고 치자. 이런 난처한 상황을 모면하려면 다른 사람에게 피해를 주지 않는 선에서 적당한 핑계를 대는 것이 현명하다.

"죄송합니다. 손님께서 말씀하신 문제는 저희 매니저가 관리하는데, 지금 자리에 계시지 않습니다."

또 감정적으로 대화하기가 불가능한 상황에서 누군가가 당신과 이야기를 하고 싶어 할 때, 스케줄을 보면서 다음과 같이 말하는 것이다.

"죄송합니다. 제가 지금 회의에 참석해야 하는데 다른 날로 하면 안 될까요?"

넷째, 부정적인 단어는 피하라

거절을 한다고 꼭 '싫어', '안 돼' 라는 식의 부정적인 단어만을 사용해야 하는 것은 아니다. 보다 좋은 표현으로 거절하는 방법을 익힌다면 인간관계가 훨씬 부드러워질 것이다.

친구와 흥미진진한 액션 영화를 보고 난 후 친구가 당신에게 의견을 묻는다.

"너 이 영화 어땠니?"

영화가 재미없었다면 다음과 같은 대답이 좋다.

"사실 난 멜로 영화를 더 좋아하는 편이라 이 영화는 조금 이해하기 어려웠어."

몸이 안 좋아 열이 나는데, 친구에게 걱정을 끼칠까 봐 알리고 싶지 않다면, "너 체온 좀 재보지 않을래?"라는 친구의 걱정스러운 질문에 다음과 같이 대답하면 된다.

"괜찮아, 오늘 날씨가 안 좋아서 그래."

다섯째, 반어법을 사용하라

상대방과 함께 국내 정세에 관해 이야기할 때, '물가 상승 속도가 빠르다고 생각하냐' 하는 질문을 한다면 다음과 같이 되물어 본다.

"그렇다면 당신은 물가 상승이 느리다고 생각하십니까?"

다른 예로 어느 날 애인이 "너 내가 싫어졌지?"라고 물을 때 "그러는 너는 내가 싫어졌니?"라고 물어보는 식이다.

여섯째, 정중함을 잃지 마라

상대방이 당신에게 선물을 주었을 때, 받기가 부담스럽다면 정중하게 거절해야 한다. 단, 이런 경우에는 다음 세 가지 사항을 반드시 지켜야 한다.

① 정중하고 공손한 태도를 유지한다.

② 거친 말투나 태도로 상대방이 불안하게 만들거나 불쾌하게 만들어서는 곤란하다. 이런 경우에는 상대 또한 당신의 거절을 납득하지 못할 것이다.

③ 상대방에게 자신보다 상대가 그것을 가지고 있는 것이 훨씬
  유용하다고 강조한다.

일곱째, 확실한 답을 줄 수 없다면 단언하지 마라

일반적으로 외교관들은 대답할 수 없거나 문제에 대한 대답을 하고 싶지 않을 때, "죄송합니다, 그 문제는 알려드릴 수 없는 사안입니다"라고 말하면서 얼버무린다. 맞는 것 같기도 하고 아닌 것 같기도 한 일에 특별한 답을 줄 수 없을 때는 다음과 같은 말을 사용하면 좋다.

"글쎄요, 그건 하늘만이 알겠죠?"

"사실은 당신에게 말한 것이 전부예요."

"그 문제는 제가 딱히 단정적으로 말씀드리기 힘들군요."

여덟째, 우호적이고 친절하게 말하라

한 작가가 어떤 대학 교수와 친구가 되고 싶어서 정중한 말투로 다음과 같이 초대했다.

"오늘 저녁 식사에 초대하고 싶은데 저희 집에 오실 수 있으십니까?"

그런데 공교롭게도 그 대학 교수는 학회의 강연 원고를 준비하느라 시간을 낼 수 없었다. 그래서 그는 친절하게 미소를 지으며

대답했다.

"초대받은 건 매우 영광입니다만, 제가 지금 발표 원고를 준비하느라 바빠서 따로 시간을 낼 수가 없군요. 정말 죄송합니다."

그의 거절은 예의 바르고 깔끔하며 간단명료했다.

아홉째, 포괄적으로 거절하라

어떤 제지 공장의 판매 사원이 한 제지를 판매하는 회사를 찾아갔다. 그리고 그동안 알고 지내던 그 회사 총무부장에게 물품을 주문해달라고 간절히 청했다. 총무부장은 예의를 갖추어 말했다.

"정말 죄송합니다. 저희 회사는 이미 국유의 제지 공장과 장기 구매 계약을 체결했습니다. 회사 규정상 다른 어떤 제지 판매 회사와도 계약을 체결할 수 없습니다. 저는 회사 규정에 따라 일을 처리해야 합니다."

여기에서 총무부장이 말하는 어떤 회사는 비단 판매 사원의 제지 공장만을 말하는 것은 아닐 것이다.

mentor ● 'No'라고 말하기 어려운 상황에서는 위에 제시한 적당한 방법을 골라 사용해보라. 그러나 중대한 일을 처리할 때는 모호하게 대답해서는 안 된다. 분명하고 확실하게 'No'라고 말해야 한다.

032 상대의 마음을 여는 웃음의 힘

신입 영업 사원 시절 H 씨는 나이 많은 선배와 함께 회사에서 판매하는 금고를 팔러 나갔다. 둘은 외곽의 작은 도시로 들어서서 손님이 붐비는 한 상점을 발견하고 들어갔다. 두 명의 영업 사원이 가게 문을 열고 들어온 것을 본 상점의 사장은 단번에 잘라 말했다.

"우리 가게는 금고 필요없수!"

사장의 말이 끝나기가 무섭게 H 씨의 선배는 카운터에 몸을 기대며 웃기 시작했다. 마치 세상에서 가장 재미있는 이야기를 들은 것처럼 선배의 웃음소리는 더욱 커졌고 멈출 줄을 몰랐다. 잠시 후 가까스로 웃음을 멈춘 H 씨의 선배는 사장에게 말했다.

"아, 죄송합니다. 일전에 꼭 사장님과 같은 분이 계셨는데요.

저를 보자마자 금고 안 사신다며 큰소리를 치셨지요. 지금은 저희 회사의 단골이 되셨답니다. 방금 사장님 말씀을 듣자마자 갑자기 그 생각이 나서 웃었습니다."

말을 마치고 난 선배는 여러 가지 금고를 꺼내며 하나씩 설명하기 시작했다. 그가 금고를 보일 때마다 사장은 필요 없다며 고개를 저었고, 또 그때마다 선배는 손으로 얼굴을 가리며 웃었다. 한참 웃고 나면 다시 구매를 거부했던 사람이 단골이 된 일화를 하나씩 이야기해주었다.

H 씨는 가게 안에 있는 모든 사람이 자기 둘만 쳐다보는 것 같아 민망하고 난처한 기분이 들었다. 아직 초보 영업 사원이었던 지라 사람들의 시선이 두려웠던 것이다.

'저 사장은 우리가 빨리 사라지기만을 바랄 거야.'

H 씨가 속으로 이런 생각을 하고 있을 때도 선배는 쉬지 않고 제품 설명을 했다. 금고를 하나씩 보여주며 사장이 거절할 때마다 웃는 얼굴로 다시 설명했고, 또 그때마다 사장은 절대로 사지 않을 거라 단호히 말했다. 그런데 잠시 뒤, 신기한 상황이 벌어졌다.

H 씨와 선배가 상점 안으로 신제품 금고를 옮기기 시작했던 것이다. H 씨 선배의 강한 인내심과 유머 감각이 결국 또 한 명의 고객을 만들어낸 것이다.

033 위로하는 방법

남을 위로하는 것은 말하기 기술에서 상당히 중요한 문제다. 내가 아는 사람 중 유방암 판정을 받은 M 씨는 수술을 받았을 때 많은 친척과 가족들로부터 큰 위로와 도움을 받았다. 친정 어머니는 아이들을 도맡아 챙겨주셨고 여동생은 시장에서 장을 봐와 집안 살림을 꾸렸다. 그녀의 남편은 매일 병원으로 그녀를 데려다주며 간호를 했다. 하지만 몇몇 친구들 때문에 M 씨는 힘들어했다. 당시 그녀는 자신의 심정을 다음과 같이 토로했다.

"친한 친구들은 제가 수술을 받은 후 바로 오지 않았어요. 한참 지난 뒤에 온 그들은 자기들끼리 재잘거리며 수다만 떨고 정작 제 건강에 대해서는 묻지도 않더군요. 병원에 누워 있는 제가 아픈지도 모르는 듯 신경도 안 쓰더라고요. 정말이지 너무나 서운

했어요."

우리는 주위 사람이 불행한 일을 당했을 때 의무적으로 적당히 위로를 한다. 또 위로가 너무 과한 나머지 듣고 싶지 않은 말까지 해버려 상대를 힘들게 하는 경우도 많다. 그렇다면 과연 어떻게 해야 불행한 일을 당한 사람에게 위로를 잘해줄 수 있을까?

다음은 누군가를 진실로 위로해야 하는 상황에서 주의해야 할 사항들이다.

첫째, 자기중심적으로 보지 않고 상대의 감정에 유의하라

안 좋은 일을 당한 사람을 방문할 때 가장 염두에 두어야 할 것은 바로 그곳에 가는 목적이 '그 사람을 위로하고 어떤 도움을 주기 위해서' 라는 것이다. 자신의 기분이 어떤가가 중요한 것이 아니라 상대가 어떤 감정을 가지고 있는지가 중요한 것이다. 위로의 말을 할 때는 주변 사람들을 끌어들일 것이 아니라 자신의 옛 경험을 바탕으로 이야기하는 것이 가장 좋다. 예를 들면 '나도 겪어본 일이라 네 마음을 이해할 수 있다' 는 식으로 말이다. 하지만 '나도 그땐 일주일 넘게 아무것도 못 먹었다' 는 식의 부정적인 의미를 담아 말하는 것은 옳지 않다.

둘째, 상대의 말을 조용히 들으며 느낌을 받아들여라

소중한 사람을 잃은 사람에게는 특히나 조심스럽게 애도의 뜻을 표현해야 한다. 깊은 슬픔에 잠긴 사람과는 이야기를 많이 하면 할수록 더욱 효과가 좋다. 그렇다고 농담을 해서는 안 되며 상대의 말을 조용히, 또 귀 기울여 들어주며 그의 심리 상태를 이해하려고 노력해야 한다.

셋째, 가능한 한 사실만을 말하고 낙관적으로 말하라

위로할 때 우리는 가끔 선의의 거짓말을 한다. 예컨대 병세가 그다지 좋지 않은데 "곧 나아질 거야"라고 말하는 것이다. 이 정도의 거짓말은 상대에게 희망을 심어주려는 의도이기에 충분한 위로가 될 때도 있다. 그러나 황당하고 불가능한 사실들을 이야기한다면 오히려 역효과만 날 뿐이며 상대뿐 아니라 위로하는 사람에게도 득이 될 것이 없다. 현실에 직면해서 앞으로 일어날 상황을 객관적으로 말하되 가능한 한 긍정적이고 낙관적으로 말하는 것이 중요하다.

넷째, 도움은 구체적일수록 좋다

마음속 깊은 곳의 진심이 담겨 있다 하더라도 말은 단지 말에 지나지 않는다. 만약 누군가를 위로하고 싶다면 어떤 말을 하느냐를 고민하기보다 어떻게 도울 수 있는지, 어떤 방법이 있는지를 고민해보는 편이 나을 것이다. 열 마디의 상투적인 위로보다 작지만 직접적이고 구체적인 도움에서 상대는 더 큰 위안을 얻기 때문이다.

다섯째, 인내심을 가져라

가까운 사람을 잃었을 때 느끼는 아픔은 사람에 따라 제각각 다르다. 어떤 사람은 금방 극복하고 일상으로 돌아가지만 어떤 사람은 몇 년간 힘들어하기도 한다. 남편이 죽은 뒤 힘든 시간을 보낸 어느 과부의 이야기를 예로 들어보겠다.

"남편이 죽고 나서 애들이 항상 제게 말하길 '아버지 살아계실 때 행복하셨다는 건 알지만 어머니, 지금 아버지는 돌아가셨어요. 어머니는 어머니대로 사셔야지요' 라고 했지요. 아무리 자식이라 해도 저는 누가 저한테 그런 식으로 말하는 게 싫어요. 마치 넘어 져서 무릎을 다쳤는데 일어날 생각도 안 하냐는 듯이 저를 쳐다보 는 시선도 싫어요. 저도 제가 계속 살아야 한다는 것쯤은 알고 있 습니다. 어쨌거나 따라 죽을 생각이 없어요. 그렇지만 다른 사람이 그렇게 말한다고 해서 극복이 되는 건 아니잖아요. 누구나 슬픔을 극복하는 방법은 다르지 않나요? 저는 저만의 방법으로 이겨낼 것 이고, 또 슬픔은 시간이 지나면 저절로 흘러가겠지요."

만약 주위의 친구가 이러한 이유로 유달리 오랫동안 슬픔을 이겨내지 못한다면 충고를 할 것이 아니라 그에게 관심을 표현해주어야 한다.

"하루하루 사는 게 힘든가 보구나. 혼자서 견뎌내야 하니 더 힘들겠지. 내가 곁에서 힘껏 도와줄게. 걱정하지 마."

여섯째, 사람에 따라 다르게 말하라

위로의 말은 불행을 당한 사람을 따뜻하게 해주고 용기를 주어, 정신적인 고통은 덜어주고 아픔을 이겨내게 도와준다. 불행한 일을 당한 사람에게 위로의 말을 건네는 것은 삶의 미덕이 될 것이다. 가까운 친척이나 절친한 친구가 안 좋은 일을 당했을 때 절묘한 순간에 진심이 담긴 위로를 한다면, 그로써 당신이 할 수 있는 모든 책임은 다한 것이다.

심각한 병을 앓고 있는 환자를 방문할 때 환자에게 병과 관련된 이야기를 지나치게 많이 하는 것은 위로가 안 된다. 어차피 당신이 아니더라도 의사와 간호사 같은 의료진들이 매일 상태를 보며 환자에게 병에 관해 이야기할 테니 말이다. 따라서 당신이 또다시 병에 관한 화제로 대화를 이끌어가면 환자의 스트레스는 극에 달할 것이다. 그러나 환자가 평소 즐거워하고 흥미 있는 것에 대해 이야기한다면 잠시나마 병에 대한 스트레스를 줄여줄 수 있다. 즉, 그의 관심을 병이 아닌 다른 곳으로 돌림으로써 심리적으로 해방감을 느끼게 하는 것이다. 의사는 물리적인 약으로 신체 건강에 도움을 주지만, 우리는 이처럼 따뜻한 말과 배려로써 다른 사람의 정신 건강에 도움을 줄 수 있다.

불행한 일을 겪은 사람, 가령 가까운 사람을 먼저 떠나보낸 사람을 위로할 때는 성급하게 힘내라고 충고하지 말라. 슬픔이 커서 마치 커다란 바윗덩이가 가슴을 짓누르는 듯할 때, 그런 느낌이 오래되고 깊어질수록 사람은 쉽게 울지 못하고 쌓아두게 된다. 때문에 없던 병이 생길 수도 있으며 건강한 삶을 살아가기가 더 힘들어질 수도 있다. 차라리 크게 소리 내서 한바탕 울고 나면 오히려 가슴을 짓누르던 슬픔이 조금씩 해소될 것이다. 그럴 때 당신이 할 일은 그저 곁에서 묵묵히 그의 이야기를 들어주는 것이다.

mentor ● 가슴에 큰 꿈을 가지고 있지만 하는 일마다 실패하고 그로부터 좌절하는 사람에게 가장 절실히 필요한 것은 바로 자신을 이해해주는 사람이다. 자신의 생각과 꿈을 잘 알고 어떤 이유로 실패했는지 전후 상황을 잘 이해해주는 사람만이 위로해줄 수 있기 때문이다. 이때 가장 좋은 위로 방법은 경험에서 우러나온 조언을 해주고 상대가 직면한 여러 가지 문제를 잘 파악해서 유리한 조건을 알려주는 것이다. 또한 감정적으로 극복할 수 있도록 곁에서 따뜻한 위로의 말을 해주어야 한다.

034 종종 '미안하다'고 말하라

대부분의 사람은 부처나 예수 같은 성인이 아니기에 허물을 가지고 있다. 또한 살면서 누구나 잘못을 하기에 사과하는 법을 배워야 한다. 진심으로 건네는 사과는 소원해진 관계를 다시 이어주기도 하고 나아가 관계를 보다 친밀하게 발전시킨다. 사실 사과하는 것은 그다지 어려운 일이 아니다. '미안하다'는 말 한 마디면 충분하다. 이 간단한 말 한 마디로 고집 센 사람을 수긍하게 하고 불같이 화가 난 사람을 진정시킬 수도 있다.

만약 당신이 실수로 다른 사람에게 손해를 입혔는데도 잘못을 인정하지 않는다면 상대방은 당신을 상당히 무례한 사람으로 볼 것이다. 악화된 감정을 해소하고 상대의 감정을 상하게 하지 않는 가장 좋은 방법은 자신을 낮추는 것이다. 잘못했을 때 바로 사과한다면 다른 사람이 당신을 미워하는 대신 동정심을 가지고 쉽게 용서해줄 것이다.

사과의 표현은 우리 생활 속에서 매우 다양하게 쓰인다. 꼭 잘못을 하지 않아도 "미안합니다, 너무 오랜 시간 기다리게 했네요", "미안하지만 저 찻잔 좀 건네주시겠어요?"와 같이 양해를 구하는 데도 사용되는 것이다. 서로 한발 양보하여 아무런 분쟁 없이 일을 마치는 데 이 말을 사용하는 것만큼 효과적인 방법은 없다. 가정이 화목하지 않고 친구와의 관계가 원만하지 않다면 사과의 표현이 만병통치약이 될 것이다. 예를 들어 영화관에서 자리에 앉아 있는 여러 사람을 지나가야 할 때 "미안합니다"라고 말하면 사람들은 두말없이 무릎을 당겨줄 것이다.

만약 우리 모두가 사과의 표현이 갖는 마법을 잊어버린다면 생활의 즐거움은 나날이 줄어들 것이다. 물론 사과하는 방법은 단지 앞에서 말한 표현뿐만 아니라 다른 여러 가지가 있다. 그렇기 때문에 우리가 잘못을 저질렀을 때는 그 상황에 맞게 적절히 사과의 표현을 해야 한다.

사과할 때 주의해야 할 사항으로 무엇이 있는지 살펴보자.

첫째, 사과하는 것은 모욕적이거나 치욕적인 일이 아니라 진실한 마음의 표현임을 기억해야 한다. 위대한 인물도 때로는 사과를 한다.

둘째, 반드시 사과해야 할 때는 늦지 않게 곧바로 해야 한다. 시간을 끌면 끌수록 말을 꺼내기는 더욱 힘들어지고 결국 못했을 때는 두고두고 후회로 남을 것이다. 또한 다른 사람이 잘못했는데 사과할 기미를 보이지 않는다면 기분 나빠하거나 화내지 말고 잠시 냉정을 되찾으라. 어쩌면 상대는 어떻게 사과해야 할지 몰라 괴로워하고 있는지도 모르기 때문이다.

셋째, 만약 잘못했다는 말을 하기 어렵다면 다른 방법으로 대신해도 좋다. 예를 들어 꽃다발로 얼어붙은 상대의 마음을 풀게 하거나, 성의가 담긴 작은 선물을 탁자 위에 놓고 웃음을 짓는다면 상대는 충분히 당신의 마음을 알아줄 것이다. 사람들은 대부분 굳이 말로 표현하지 않아도 다른 사람의 감정과 생각을 알 수 있다. 때로는 고요함이 소리를 이긴다는 말처럼 말이다.

넷째, 당신이 잘못한 것이 아니라면 분쟁을 피해보려고 일부러 잘못을 인정하지는 말라. 이런 방법은 아무에게도 도움이 되지 않는다.

mentor ● "미안합니다"라는 한 마디가 불같이 화난 사람을 순식간에 진정시킬 수 있다.

035 심리적 문제의 피드백 극복하기

피드백은 쌍방에게 반복적으로 돌아오는 과정을 말한다. 효과적인 피드백 과정을 유지하는 것은 결코 쉬운 일이 아니다. 지금부터 어떤 주관적인 심리 요인과 행동이 피드백의 장애를 가지고 오는지 살펴보고 나아가 감정 극복을 위한 올바른 방향을 제시하겠다.

1. 상하 계급의 수직적 구조

위, 아래라는 상하 계급은 차별적 관계를 낳는다. 계급의 차별은 잠재적으로 권력과 영향력, 결정권 등이 불평등하기 때문이다. 지도자 혹은 권력을 가진 사람이 쌍방의 피드백을 불필요하게 여기거나 상대의 감정에 대해 아무런 영향을 받지 않는다면 수평적이고 원활한 피드백은 결코 기대하기 어렵다.

2. 믿음이 결여된 인간관계

감정 문제는 경쟁심에서 시작된다. 이는 분명한 경쟁 관계에 놓인 동기나 선후배 사이에서 발생하며 진실한 믿음을 쌓기 어려운 관계라 할 수 있다. 그러나 인간관계에서 가장 근본이 되는 것이 바로 믿음이다. 믿음의 중요성은 《논어》에 잘 나타나 있다.

"부모를 섬길 때는 그 힘을 다해야 하고, 임금을 섬길 때는 그 몸을 다 바쳐야 하며, 친구를 사귈 때는 말에 믿음이 있어야 한다. 그리하면 비록 배우지 않았다 해도 나는 그를 배운 사람이라고 할 것이다."

한 회사의 사장은 오랫동안 자신의 뜻에 반대하는 사원을 뽑지 않았는데, 그 이유는 경쟁 업체 앞에서 망신당하는 것이 두려워서였다. 이처럼 자신의 의견에 맞지 않는 상대를 멀리하기만 한다면 발전은 불가능하다.

3. 대화가 단절되는 행동들

대화를 하다 보면 서로의 환경, 사고의 차이로 인한 행동들로 인해 원활한 감정 교류가 어려워질 수도 있다. 그 원리는 다음과 같다.

첫째, 대화할 때 한쪽에서만 이야기하거나 아예 감정을 교류할 필요가 없다고 느끼고 능동적으로 피드백에 임하지 않는다. 그들은 피차 서로의 도움이 필요하지 않고 서로에게 배울 만한 것이 없다고 생각한다.

둘째, 서로 상대방이 먼저 솔직하게 자신의 감정을 털어놓을 것이라고 생각하고 자신은 말을 아낀다. 먼저 솔직하게 굴면 손해를 본다고 생각하는 사람들이 이런 행동을 보인다.

셋째, 경쟁심이 심해 서로를 전혀 믿지 못하고 결국 정보를 나누지 않는다. 바꿔 말하면 그들은 자신이 가진 정보를 보호해야 성공할 수 있다고 생각한다.

넷째, 문화적 배경이 다른 것도 감정을 교류하지 못하는 원인이 된다. 서로 다른 문화와 전통 아래에서 성장한 사람은 저마다의 방법으로 사람과 사물을 대하는 습관이 있다. 때문에 만약 상대방의 문화를 알지 못한다면 오해가 일어나기 십상이다.

다섯째, 상대에게 곤란한 일이 생겼을 때 즉시 문제의 원인을 분석하거나 해결해주려 한다. 사실 곤란한 일을 당한 당사자는 어떠한 분석이나 해결에 앞서 상대방이 먼저 자신의 입장을 이해해주기를 바란다. 갑자기 어려운 일을 당했다면 더욱더 그러하다. 현재 직면한 문제로 인해 자신이 어떤 고통을 받고 있는지에 대해 공감을 얻길 바라는 것이다. 그런데 많은 사람이 그것을 헤아리지 못하고 여러 가지 의견이나 문제 해결과 관련된 충고, 심지어 질책을 하려고 든다. 이럴수록 대화는 더더욱 단절된다.

036 칭찬은 시원시원하게 하라

영리한 동물을 키워본 사람은 아무리 작은 발전이라 해도 아낌없이 칭찬을 해줘야 한다는 사실을 알 것이다. 말로 칭찬해주거나 머리를 쓰다듬어주거나 혹은 맛있는 간식을 주는 것도 좋다. 플로리다의 한 동물원에서는 돌고래처럼 관객에게 공연을 보여주는 동물에게는 공연이 끝나면 맛있는 먹이를 상으로 준다고 한다. 만약 훈련을 시키면서 돌고래가 조금이라도 발전을 보이면 조련사는 칭찬을 아끼지 않는다. 그렇다면 사람들은 어째서 인간관계에서도 이 방법을 쓰지 않는 것일까?

다른 사람을 칭찬하는 습관을 갖고 싶다면 아주 작은 발전에도 칭찬을 아껴서는 안 된다. 짧은 칭찬 한마디를 들으면 상대는 부단히 노력할 것이다. 또한 칭찬을 할 때 앞으로 더 성과를 올리길 바라거나 이전의 성과와 비교할 필요는 없다. 중요한 것은 지금 이 순간의 발전을 칭찬하는 것이다. 예컨대 결혼한 지 아무리 오래되어도 매일 아침밥을 먹은 뒤 아내에게 맛있었다고 말해주는 것은 아주 좋은 습관이다.

'고맙다' 는 말이 항상 알맞은 때에 사용된다면 인간관계에서 기적과 같은 일이 일어날 것이다. 게다가 말속에 진실한 마음이 담겨 있을 때 그 기쁨은 두 배로 늘어난다. 고맙다는 말만 할 것이 아니라 다른 감사의 표현을 덧붙이거나 어투를 강하게 하는 것도 좋은 방법이다.

고맙다는 말을 할 때는 상대의 눈을 똑바로 보면서 해야 한다. 만약 당신이 그에게 진실로 고마움을 느낀다면 상대도 당신의 진심을 알아볼 것이다. 즉, 슈퍼마켓의 점원처럼 누가 돈을 내든 계산하는 사람에게 '고맙습니다' 라고 말하는 것과는 달라야 한다는 말이다.

당신이 마음을 열고 사람들을 바라본다면 누구에게 진실로 감사해야 할지 알 수 있을 것이다. '고맙습니다' 라는 감사의 표현 속에는 칭찬의 의미도 있는 것이다. 사람들에게 당신이 어째서 고마운 마음을 갖게 되었는지 알 수 있게 하고, 칭찬하기에 부족한 아주 작은 일에도 칭찬을 아끼지 않을 때 사람들은 당신을 정 많고 겸손한 사람으로 바라볼 것이다.

매사에 감사하는 태도가 생활 습관처럼 굳어 있다면 당신은 주위 사람들을 끝없이 분발시키는 동시에 겸손하고 친절한 사람이 될 수 있다.

Chapter

3

일 잘하는 기술

모든 일을 정확히 처리하라

일을 잘한다는 것은

비단 직장에서의 업무 처리 능력만을 말하는 것이 아니다.

회사 밖에서, 업무가 아닌 일상생활에서 일어나는

여러 가지 복잡하고 번거로운 문제를

잘 처리해나가는 능력도 포함되어 있는 것이다.

모든 일을 잘 처리하기 위해서는 지혜와 기술이 필요하다.

즉, 다른 사람보다 신속하고 정확하게 처리하기 위한 능력은

바로 지혜와 기술에서 나온다.

037 성공적인 삶의 자세

성공적으로 일을 처리하는 능력은 곧 그 사람의 생활 습관과 연관된다. 당장은 별것 아닌 것처럼 보이는 습관 하나가 쌓이고 쌓여 먼 미래의 성공을 결정짓는 중요한 열쇠가 될 수도 있는 것이다.

여기서는 성공적인 삶의 자세를 갖기 위해 필요한 좋은 습관 네 가지를 제안한다.

첫째, 남들보다 일찍 출근하라

막 입사한 신입 사원 L 씨는 매일 남들보다 일찍 회사에 도착한다. 어느 날은 너무 이른 새벽에 와서 문이 잠겨 있을 때도 있다. 그는 스스로 본인의 능력이 남들보다 부족하기에 일찍 나온다고

말하지만 실은 그렇지 않다. 다른 입사 동기들이 잠에서 막 깬 듯
한 눈으로 사무실에 들어올 때 그는 이미 소매를 걷어붙이고 일
을 시작하고 있다. 이 모습을 보는 사람들은 어떤 생각이 들까?
적극적이고 의욕적인 태도는 바로 이런 사소한 행동에서 출발하
는 것이다.

둘째, 상사와 가까운 자리에 앉아라

중·고등학교와는 다르게 대학 강의실은 일반적으로 고정된
좌석이 없다. 그런데 이상하게도 매번 수업 시간이 되면 학생들
이 앉는 자리가 거의 변함이 없다. 성적이 좋고 자기 의견을 적극
적으로 발표하는 학생들은 통상 교수님과 가장 가까운 자리에 앉
고, 반대로 성적에 아무런 신경을 쓰지 않는 학생들은 뒷자리를
차지하기 때문이다. 이 이치는 간단하다. 앞줄은 뒷줄보다 교수
님의 주목을 받기 쉽고 대답할 기회가 많기 때문에 자신감 있는 학
생만이 앞줄에 앉는 것이다. 회사에서도 마찬가지다. 자신감 있는
사람들은 상사의 옆자리도 마다하지 않는다. 아무래도 자리가 가
까우면 업무상 궁금한 것을 묻거나 조언을 구하기도 훨씬 용이하
기 때문이다. 따라서 좌석이 고정적으로 정해져 있지 않는 상황이
라면 능동적으로 상사와 가까운 자리를 차지하는 것이 좋다.

셋째, 상대방이 있는 곳으로 가라

대부분의 시민이 공무원들의 서비스에 대한 불만을 곧잘 품는데, 그 이유가 무엇일까? 가장 주된 원인은 바로 우리가 해당 기관으로 먼저 찾아가 일을 처리해야 한다는 번거로움 때문일 것이다. 또한 일을 처리하기 전에 순서를 기다려야 한다는 것도 불만의 요인이 된다. 이 두 가지 원인이 사람들로 하여금 불편하고 불만족스러운 마음을 심어주는 것이다. 일반적으로 사람을 만날 때도 마찬가지다. 자신은 아무 말도 안 했는데 상대가 제멋대로 자기 회사 쪽으로 오라고 결정해버린다면 기분이 썩 좋지 않을 것이다. 움직이기 귀찮다는 이유도 있겠지만 사람은 기본적으로 자신에게 친숙한 환경에서 더욱 심리적인 안정을 얻기 때문이다. 때로는 먼저 나서서 상대방이 있는 곳으로 가라. 비록 심신은 피곤하겠지만 그러한 수고를 통해 생각지도 못했던 좋은 결과를 얻을 수도 있다.

넷째, 상황에 따라 감정을 표현하라

어떤 사람은 기쁠 때건 슬플 때건 감정이 얼굴에 전혀 나타나지 않는다. 물론 얼굴에 감정이 드러나지 않는다고 속마음이 차가운 사람이라고 생각할 수는 없다. 때로는 이런 사람이 남들보다 더 세심하고 감정적일 수 있다. 그러나 감정이 얼굴에 전혀 드러나지 않으면 다른 사람들은 그를 잘 이해하지 못할 것이다. 감정 표현에 적극적일수록 사람의 마음을 이해하기 쉬운 것은 물론이다. 대체로 사람들은 감수성이 예민한 사람에게 더 큰 매력을 느낀다. 상황과 장소에 맞게 감정을 표현하는 연습을 하도록 하자.

038
지도자가 될 것인가, 추종자가 될 것인가?

성공학에서는 지도력을 남들을 능가할 수 있는 능력으로 보지만, 그 무엇보다 중요한 것은 자신의 개성과 성과를 발휘하는 것이다.

영국 최초의 여성 지도자 대처 마가렛 로버츠는 1925년 런던 그랜덤의 구멍가게에서 태어났다. 그녀의 집은 정원이나 욕실이 따로 없었고 심지어 실내에 화장실도 없었다. 대처는 신앙심이 강한 아버지 알프레드와 재봉 일을 하던 어머니 베아트리스의 둘째 딸로 태어나 어려서부터 아버지의 총애를 듬뿍 받고 자랐다. 알프레드는 그녀가 자신의 못다 이룬 꿈을 실현시켜주기를 바랐기에 그녀에게 많은 기대를 걸며 여러 가지로 영향을 주었고, 반

면 어머니는 평범한 주부로서 대처의 성장에 있어서 큰 영향을
끼치지는 않았다. 시의원을 지낸 알프레드는 그녀가 여성이기 때
문에 구속받거나 제약받게 하지 않고 자유롭게 자랄 수 있게 신
경 써주었다.

알프레드는 단 한 번도 정규 교육을 받은 적이 없었다. 그러나
그는 세상을 살아가는 데 필요한 도리에 대해서는 누구보다도 잘
알고 있었고 대처는 이런 아버지의 말을 신뢰하고 따랐다. 좋은
교육을 받은 적은 없지만 알프레드는 대단한 학구열로 책을 자신
의 목숨처럼 아꼈고 끊임없이 배우고자 했다. 아버지의 이러한
성품은 딸에게까지 그대로 이어져 그녀는 10살 때부터 도서관을
다니며 아버지 대신 책을 빌려오곤 했다. 때로는 아버지와 함께
도서관에서 두 권을 골라 빌린 뒤 일주일 동안 한 권씩 나누어 보
기도 했다. 또 알프레드는 평소 '나는 못해', '이건 너무 심해',
'어려워 죽겠네' 라는 따위의 부정적인 말을 하지 않았다. 대처도
그런 아버지를 보고 그대로 따랐다. 아버지는 대처를 지도자로
키우기 위해 노력했고, 그 노력은 결국 그녀가 여왕 빅토리아처
럼 강한 열정과 정체성을 갖게 해주었다.

"친구들이 한다고 해서 너도 똑같이 따라 해서는 안 된다. 너는
너만의 생각과 주장이 있어야 해! 그렇지 않고 남들이 하는 대로
만 쫓아가다 조금이라도 잘못되면 감당할 수 없는 지경에 이를

거야. 네가 먼저 다른 사람들을 이끄는 지도자가 되어야지, 다른 사람에게 이끌려 다니는 추종자가 되면 절대로 안 된단다.”

알프레드의 충고는 그녀에게 부담이 되기는커녕 크나큰 재산이 되어 어른으로 성장한 뒤에도 중요한 영향을 미쳤다. 그녀가 어른이 되어 몸담고 있는 세계는 여성이 아닌 남성 중심의 사회였기에 사회에 나간 그녀는 전혀 낯설고 다른 환경에서 일해야 했다. 다행히도 그녀는 어려서부터 성적이 좋았다. 밥 먹고 물마시듯 책을 읽어나갔고 체육 과목에서도 경쟁심을 갖고 열성적으로 임했다. 교장 선생님의 말에 의하면 그녀는 어렸을 때부터 말재주가 뛰어났다고 하며, 또 다른 친구는 5살 때의 그녀를 똑똑하고 검소한 아이로 기억했다. 5살 때부터 그녀는 피아노를 배우기 시작했고 9살 때는 문학 대회에 나가 시낭송으로 상을 받았다. 이때 교장 선생님은 그녀를 대견하게 여기며 운이 좋다고 말해주었는데, 그때 그녀는 이렇게 말했다고 한다.

“아뇨, 제가 운이 좋았던 게 아니라 마땅히 제가 받았어야 하는 상이었어요.”

어려서부터 그녀는 자신이 지도자가 되리라는 강한 믿음이 있었기에 이렇게 대답할 수 있었던 것이다. 그녀의 강한 자신감은 대학을 진학한 뒤에 더욱 빛을 발했다.

“아침 여섯 시 반이면 일어나 활기찬 모습으로 아침을 시작했

어요. 하루 종일 공부하면서도 지칠 줄 몰랐고요. 날이 어두워지
고 밤이 깊어져서야 돌아갔죠."

그녀의 친구의 말처럼 그녀는 언제나 모든 일을 열심히 했고
또 계획을 세워 질서정연하게 처리했다. 이러한 그녀의 개성이
훗날 그녀를 위대한 인물로 만들어준 것이다.

mentor ● 사람들의 개성은 당장은 보이지 않아도 때가 되면 드러나게
되어 있다. 또한 그것은 한 사람의 품성을 결정하기도 한다. 모든 사람이
대처 마가렛 로버츠와 똑같을 수는 없지만 성공의 근본을 개성으로 생각
한다면 보다 다양한 기회를 잡을 수 있을 것이다.

039 분노를 다스리는 방법

주변을 둘러보면 자신의 감정을 잘 조절하는 사람이 있는가 하면 심한 감정 변화를 주체하지 못해 쉽게 짜증을 내는 사람도 있다. 물론 그때그때의 감정을 즉각적으로 표현하는 사람은 솔직하고 단순한 성격이라고 할 수도 있다. 이런 사람은 희로애락이 모두 얼굴에 나타나기에 주변 사람들이 어떻게 대해야 하는지 판단하기도 쉽다. 괜스레 눈치를 보거나 적의를 가질 필요도 없고, 또 스스로 스트레스를 그때그때 발산하기 때문에 심리적으로 건강하다는 이점도 있다. 하지만 그것이 지나치면 문제가 된다. 상황을 불문하고 무조건 자신의 감정만을 드러낸다면 남들에게 성숙하지 못하다는 인상을 심어주기 십상이다. 이런 경우 다른 사람으로부터 신의를 얻는 것도 힘들다. 약간의 불쾌한 일에도 쉽게 화를 내버리는 사람과 누가 감정을 교류하고 함께 일하고 싶어 하겠는가.

눈물을 쉽게 보이는 사람도 있다. 물론 때로는 그런 감정을 드러내는 것도 스트레스 해소에 도움이 되겠지만 그런 일이 비일비재하다면 주변 사람들에게 나약한 사람으로 낙인찍히기 십상이다.

대부분의 사람들은 남들 앞에서 눈물은 참지만 분노를 참지 못한다. 눈물을 보이는 것보다 화를 발산하는 것이 훨씬 위험한 일인데 말이다.

지금부터 쌓아둔 분노가 '화'로 표출되는 것이 얼마나 위험한 일인지 살펴보겠다.

첫째, 갑작스럽게 표출된 화는 무의식중에 죄 없는 사람을 다치게 할 수 있다. 세상에 그 누가 아무런 이유 없이 욕먹고 야단맞기를 바라겠는가? 또 당하는 사람 입장에서 보면 언젠가는 당신에게 똑같이 갚아주려 할 것이다.

둘째, 당신이 지나치게 자주 화를 내면 사람들은 괜히 피해를 입을까 우려하며 당신으로부터 일정한 거리를 유지하려 할 것이다. 따라서 자연스럽게 다른 사람과의 관계가 멀어져 고립되고 만다.

셋째, 당신이 화를 내는 횟수가 잦다면 사람들은 그것을 점점 대수롭지 않게 받아들인다. 즉, '원래 그런 사람이니까' 하는 식으로 치부하고 화를 내는 이유에 관해서는 전혀 신경 쓰지 않는 것이다.

넷째, 다른 사람의 이성적 사고에 영향을 끼칠 정도로 화를 내면 상대방의 판단력을 흐리게 하며, 이 또한 대화를 단절시키고 신뢰를 잃는 가장 큰 실수다.

다섯째, 좋지 못한 방법으로 화를 발산하면 정신적인 건강뿐 아니라 신체적인 건강에도 나쁜 영향을 끼친다.

이 정도 이유만 살펴도 분노를 다스리는 것이 얼마나 중요한지 알 수 있을 것이다. 다른 사람에게 희로애락의 감정을 전혀 표현하지 않아 종잡을 수 없는 사람이 되어서도 안 되겠지만, 그때그때의 사소한 감정, 특히 분노를 과하게 표현해도 곤란하다. 만약 당신이 감정을 제대로 조절하지 못하는 사람이라면 즉시 그 자리를 떠나 안정을 되찾는 것도 좋은 방법이다. 혹 피할 만한 곳이 없다면 잠시 말을 멈춘 뒤 심호흡을 크게 한번 해보라.

일반적으로 인간은 성장함에 따라 자신의 감정을 조절하는 법을 익히게 마련이다. 하지만 그렇다고 해도 다른 사람으로 인해 받는 스트레스는 쉽게 조절하기가 힘들다. 그래도 지나치게 낙담할 필요는 없다. 성격적으로 아무리 예민하더라도 꾸준히 감정을 조절하는 연습을 한다면 다른 사람이 보기에 듬직하고 신뢰할 만한 사람이 될 수 있다. 화를 참는 것이 성공할 수 있는 절호의 기회를 주는 직접적인 도움이 되지는 않는다. 또한 상사에게 무조건 인정받을 수 있는 것도 아니다. 그러나 이것은 인격적으로 커다란 부분을 차지하며, 이러한 훈련이 일과 인간관계를 긍정적인 방향으로 이끌어가는 데 장기적인 도움이 될 것이다.

mentor ● 감정을 조절한다는 것은 단지 화를 참아야겠다고 생각만 하는 것으로도 가능하다. 화를 참을 수 있다면 인생에서 무성한 숲을 무리 없이 헤쳐나갈 수 있게 해줄 것이다.

040 성공하기 위한 세 가지 조건

현대사회에서 경쟁은 날이 갈수록 치열해지고 있다. 한 가지 직업에 수많은 사람이 지원하기도 하고, 그런 가운데 자신의 이상에 맞는 직업을 선택하는 것조차 하늘의 별 따기다. 그럴 때 다음과 같은 방법을 생각해본다면 구직의 어려움을 다소나마 해결할 수 있을 것이다.

첫째, 새로운 직업의식을 갖는다

'새로운 직업의식' 이란 무조건 남들이 선망하는 직업을 바라는 것이 아니다. 자기가 처한 현실을 정확하게 인식하고 그 속에 존재하는 직업을 정확하게 이해하는 것을 말한다. 적합한 직업이란 먼저 사회의 요구에 걸맞고 자신의 재능을 발휘할 수 있으며 원하는 만큼의 물질적·정신적 부를 추구할 수 있는 것이다. 그러나 대부분의 사람들이 자신을 객관적으로 평가하지 못한다. 그렇기 때문에 결국 적합한 직업을 찾지 못하는 것이다. 이런 문제를 푸는 가장 빠른 열쇠가 바로 새로운 직업의식을 갖는 것이다. 즉, 직업에 대한 편견을 버리고 수용적인 태도로 새롭게 생각해보는 것이다. 또한 이와 함께 이상적인 직업에서 요구하는 일을 무리 없이 수행해낼 수 있도록 자신의 능력을 키워나가는 것도 중요하다.

둘째, 안정적인 심리 상태를 유지한다

일반적으로 구직 기간이 길어지면 길어질수록 구직자들은 조급한 마음을 갖는다. 이들은 직장을 빨리 구해야 한다는 생각 때문에 점점 조급해하고 불안해한다. 그럴수록 직업을 찾기는 더욱 어려워진다. 더군다나 면접을 보는 자리에서 조급한 마음을 갖는다면 언행이나 표정에서 드러나기 때문에 채용자는 그 사람의 능력에 의심을 품게 될 것이다. 따라서 직장을 구할 때는 안정적인 심리 상태를 유지하는 것이 무엇보다 중요하다. 안정적인 모습으로 자신감을 보여줘야 채용자의 눈에 '갈 곳이 없어 지원하는 사람'으로 비치지 않는다. 또한 누가 자신을 다른 부서에 소개했을 경우 그에 대한 태도를 분명히 밝혀야 한다. 지금 하고 있는 일에 대해 스스로 매우 만족하지만 만약 자기를 계발할 수 있는 더 좋은 기회가 있다면 생각해보겠다고 말하는 것이 가장 좋다.

셋째, 이상적인 직업에 대해 정확하게 인식한다

당신의 꿈이 일에서 성공하는 것이라면 당연히 그 꿈을 위해 최선을 다해야 한다. 그러면 직업은 자연히 안정을 찾게 되고 자신이 좋아하는 일을 찾게 된 후에는 그것을 목표로 한 걸음, 한 걸음 다가갈 것이다. 단지 기본적인 생활이 보장되고 안정적인 직업만을 바란다면 그것도 좋다. 그렇다면 좀 더 큰일에 도전적으로 임하지 않아도 되고 직장에서 정해진 규칙에만 잘 따르면 될 것이다.

만일 당신의 꿈이 부자가 되는, 즉 많은 수입 얻는 것이라면 육체적으로 힘든 노동이 적합하다고 할 수 있다. 단지 돈을 버는 것이 목적인 사람들 가운데 별다른 재능이 없는 사람은 공공기관에서 일하는 것이 무리일 것이다. 그들은 공직자들의 급여에 만족하지 못하기 때문에 직위가 높거나 낮거나 스스로 부패(腐敗)되기 쉽기 때문이다. 그럴 때에는 일반 회사에 다니거나 자기 사업을 하는 것이 적합하다.

결론적으로 직업을 구할 때는 자기의 개성과 이상을 정확하게 파악해야 한다. 그래야만 진정으로 자신에게 적합한 일을 할 수 있다.

넷째, 태만은 성공의 강적이다

"곧바로 실천하라!"

성공한 사람들이 공통적으로 하는 말이다. 계획한 일들을 하나씩 꾸준히 실천해나가야만 태만에서 벗어날 수 있다. 살아가면서 모든 사람은 저마다의 소원과 꿈 그리고 계획을 갖고 있다. 만약 그 많은 소원과 꿈, 계획을 재빨리 실행에 옮긴다면 일에서 많은 성과를 거둘 수 있을 것이다. 아무리 멋진 계획이라도 곧바로 행동하지 않고 차일피일 미룬다면 아무 쓸모가 없다.

mentor ● 게으른 습관을 고치려면 한 가지 방법밖에 없다. 해야 할 일을 그때그때 처리하는 것이다. 하고 싶다는 생각 혹은 해야겠다는 생각이 들 때 무조건 곧바로 시작하는 습관을 들여라.

041 절대 포기하지 않기

쉽사리 해결되지 않는 어떤 문제가 생겼을 때, 가장 기본 적이고도 간단한 해결 방법이 있다. 바로 끝까지 절대 포기하지 않는 끈기를 갖는 것이다. '포기'는 '실패'라는 말의 동음이의어다. 주변에서 일어나는 사소한 문제들을 해결하지 않고 포기하면 스스로 패배자라는 생각이 들어 결국 인격적인 성장도 실패하게 된다.

간혹 문제를 해결하기 위해 최선의 방법을 생각해냈는데 그것도 소용이 없을 때가 있다. 그렇다 해도 당장 다른 방법을 강구해야 한다. 새로운 방법을 찾았지만 그 역시 효과가 없다면 또다시 고민해야 한다. 그렇게 가장 좋고 가장 효과적인 방법을 찾을 때까지 절대 포기하지 않아야 한다. 그러다 보면 그 문제는 저절로 해결될 것이다.

포비의 친구 피터는 식탁에 놓인 냅킨에 그림을 그리며 자신의 생각을 표현하는 습관이 있었다. 어느 날 그가 어떤 사람이 고난을 겪고 나서 큰 성공을 이루었다고 말하며, 식탁 위의 냅킨 위에 높은 산 앞에 혼자 서 있는 사람을 그렸다.

"그가 어떻게 이 높은 산을 넘었을까?"

포비가 물었다.

"돌아서서 갔겠지."

"이렇게 높은 산을 어떻게 돌았겠어. 아마 산기슭 아래 터널을 만들었을 거야."

"아니야, 산이 너무 깊어서 터널을 만들기는 불가능해. 아마도 다른 특별한 방법이 있었을 거야. 만약 이렇게 높은 산을 넘을 비행기를 만들었다면, 그것도 좋은 방법일 텐데 말이지."

"피터, 그 방법은 너무 고차원적이잖나. 오래전에 이런 생각을 해본 적이 있어. 산을 옮겨서 바다에 던져버리는 거지. 정말 진심으로 믿는다면 산을 바다에 버릴 수도 있거든."

"맞다, 좋은 방법이다."

"감정의 기복 없이, 의심 없이, 열심히 노력해서 쉽게 포기하지만 않는다면 가능한 일이잖아."

최근 포비는 기분 좋은 편지를 받았다. 포비가 말했던 원리를 성공적으로 반영했다고 적어 보낸 것이다.

피터는 몇 년 전 그가 연구한 이동식 가옥에서 쓰는 벽돌에 대해 회사에서 전폭적으로 투자하기로 결정했는데, 벽이 튼튼하지 않아 이동하면 허물어져 버렸다. 회사는 그의 프로젝트가 성공하지 못할 것이라고 생각하고 곧 지원을 중단했고 그의 동료는 자금이 중단된 상황이기에 그만두자고 했지만 피터는 절대 포기하지 않았다. 그는 진취적이고 적극적인 생각과 마음가짐을 가진 사람이었다. 그의 마음은 너무도 튼튼해서 깨질 수 없었고 어떤 방해도 그를 넘어뜨릴 수 없었다. 그는 항상 입버릇처럼 이렇게 말하곤 했다.

"나란 사람은 원래 포기라는 말을 모릅니다."

몇 달을 고생하며 연구한 끝에 그는 결국 합리적인 방법을 찾았다. 이동하기에 큰 무리가 없도록 무겁지 않고 또 견고해서 허물어지지 않는 소재를 개발하여 벽을 만들었던 것이다. 그 결과 이전보다 더 큰 규모의 회사가 그의 프로젝트를 전폭적으로 지원해주었고, 그는 계속해서 발전할 수 있었다. 그가 쓴 편지는 다음과 같은 글로 마지막을 장식했다.

"너무 쉽게 포기한다고 말하기엔, 삶의 모든 순간은 너무 이르다는 걸 알았네."

허둥대지 않고 주의 깊게 생각하면 어떤 문제든 간에 해결책은 생기게 마련이다.

mentor ● 꿈을 갖고 목표를 세워 열심히 노력하지만 과정이 힘들어지면 낙담하고 중도에서 쉽게 포기하게 된다. 그러나 훗날 알게 될 것이다. 조금만 더 견디면, 조금만 더 참아내면 꿈꿔왔던 미래는 자연히 실현된다는 것을 말이다.

042 즉시 행동하라

사람들은 대개 어린 시절 원대한 꿈을 갖지만, 정작 그 꿈을 위해 해야 할 일은 미룬다. 그러다 시간이 흐르면서 꿈은 점점 작아지고, 여러 가지 부정적이고 소극적인 생각을 키워나가다가 결국 포기하고 만다. 현실에 만족하고 자신이 처한 상황에 안주하는 평범한 삶을 선택하는 것이다. 당신은 지금 당신의 꿈을 위해 해야 할 일에 최선을 다하고 있는가? 또 결정한 일을 즉각적으로 행동에 옮기고 있는가?

'우리가 매일 겪는 가장 큰 어려움은 바로 따뜻한 이불을 걷어차고 나오는 일이다' 라는 말이 있다. 맞는 말이다. 상체만 일으키면 되는 간단한 동작이라 해도 따뜻한 이불을 걷어차고 두 발을 바닥에 딛기 위해서는 그야말로 '굳은 결심' 이 필요하다.

'지금'이라는 말은 신비하게도 성공하는 데 커다란 효과가 있는 말이다. '내일', '다음에', '나중에', '시간이 되면', '언젠가'라는 등의 말은 영원히 할 수 없다는 말과 같다. 좋은 계획이 아무리 많아도 실현할 수 없는 이유가 바로 이런 말들 때문이다. 즉, "지금 처리하겠습니다"가 아닌 "나중에 시간나면 처리하겠습니다"라고 말하는 습관 때문인 것이다.

저축을 예로 들어보자. 저축이 좋은 일이라는 것은 모두가 다 아는 사실이다. 그렇지만 사람들은 철저하게 계획을 세워 저축하지 않는다. 돈을 모아야겠다는 생각은 하지만 정작 실천에 옮기는 사람은 항상 소수에 불과하다. 여기, 한 젊은 부부의 경험을 살펴보자.

피터는 매달 천 달러를 번다. 매달 쓰는 돈이 천 달러가 들기 때문에 수입과 지출이 딱 맞아떨어져 저축을 하고 싶지만 할 수 없었다. 게다가 그는 아무런 계획을 세우지 않고 항상 아내에게 핑계를 대곤 했다.

"다음 분기에 빚을 갚고 나면 저축을 시작합시다."

"급여가 조금 오르면 바로 시작할 수 있을 텐데."

"이번 달은 무리고 다음 달부터 해봅시다."

"내년에는 반드시 돈을 모아야지."

아내 제니는 남편의 이런 변명이 지겨워졌다. 결국 더 이상은 미루어서는 안 되겠다는 생각에 그녀는 피터에게 말했다.

"피터, 도대체 돈을 모으겠다는 생각은 있는 거예요?"

"그럼, 해야지. 하지만 지금은 그럴 만한 여유가 없잖소."

"피터, 우리가 돈을 모으자고 말한 지가 벌써 몇 년째예요. 지금까지 계속 여유가 없다고 저축을 못했지만, 이제부터라도 계획을 세워봐요. 오늘 낮에 광고를 보니까 매달 백 달러씩 저축하면 15년 뒤에는 18만 달러에 이자가 6천6백 달러나 붙는다고 하더군요. 광고 문구엔 이렇게 쓰여 있었어요. 먼저 저금하고 나중에 쓰는 게 나중에 저금하고 지금 쓰는 것보다 쉽다'라고. 당신이 정말 저축할 생각이 있다면 다른 데 쓰지 말고 급여의 10퍼센트라도 모아보세요. 우리가 매달 먹는 과자 같은 군것질만 줄여도 될 텐데요. 핑계만 버린다면 전혀 무리가 아니라고요."

제니와 피터는 돈을 모으기 위해 처음 몇 달간 무척 힘든 시간을 보냈다. 그전까지의 생활 습관을 버리기가 어려웠던 것이다. 그러나 둘은 굳은 의지로 열심히 저축을 해나갔고, 이제는 돈을 쓰는 것보다 모으는 게 재미있다고 느끼기에 이르렀다.

친구에게 편지를 쓰고 싶은가? 그렇다면 지금 당장 써라. 사업에 도움이 될 만한 좋은 방법이 있는가? 그렇다면 지금 당장 반영하라. 벤자민 프랭클린의 "오늘 할 일을 내일로 미루지 말라"라는 명언을 항상 기억하라. 그리고 오늘 할 일은 바로 오늘 끝내라.

항상 '지금' 해야 한다고 생각하면 당신이 생각하는 것보다 훨씬
더 많은 일을 해낼 수 있다.

043
직업을 선택할 때 주의해야 할 점

인생은 선택의 순환이다. 그 수많은 선택 속에서 자신의 적성이 어디에 잘 맞는지를 선택하는 것은 특히 쉽지 않은 일이다. 설사 가정의 혼란이 야기되더라도 자녀들에게 분명히 지켜줘야 할 것이 있다. 부모의 생각이 어떻든 자녀가 좋아하는 일이 아니라면 강요해서는 안 된다는 점이다. 하지만 아직도 수많은 부모가 자녀에게 자신들이 원하는 직업을 강요하고, 자녀는 부모가 하는 말을 곧이곧대로 따르고 있다. 물론 부모가 자녀보다 많은 세월을 살아왔고 다양한 경험을 통해 지혜를 쌓았음에는 틀림없다. 그러나 자기 인생의 선택에서 결정을 내려야 할 사람은 부모가 아닌 자신이다.

앞에서 이미 여러 번 이야기했지만 다음 사항을 다시 한 번 강조하고 싶다. 당신이 어떤 일을 하고 싶은지 생각한 뒤 다음 사항을 참고하면 도움이 될 것이다.

첫째, 조언자는 엄선해서 구하라

① 점쟁이나 관상가가 당신의 적성에 맞는 직업을 골라준다 해도 결코 그에 따라서는 안 된다. 그들은 현재의 경제 및 사회 실정과 취업에 관련된 자료, 개인의 건강과 특기를 근본적으로 무시한 채 말하기 때문에 어떤 설득력 강한 조언이라도 실질적인 도움이 안 된다.

② 취업과 관련된 풍부한 자료가 있는 사람을 찾아가 도움을 받아라.

③ 믿을 만한 컨설턴트와 두 번 이상의 면담을 하라.

④ 절대로 인터넷이나 전화 등 통신상의 컨설팅에만 의존하지 말라.

둘째, 이미 많은 사람이 종사하고 있는 일은 가급적 피하라

미국의 어떤 직종에는 이미 2만 명이 넘는 사람들이 종사하고 있다. 2만 명이 넘는 사람들이 똑같은 일을 한다면 그 경쟁은 상당히 치열할 것이다. 그러나 아직도 수많은 젊은이들이 이 같은

사실을 모르고 있다. 한 학교를 졸업한 남학생의 3분의 2가 다섯 가지 직업 중 하나만 선택하려 하고 있다고 한다. 실제로 이 세상의 직업은 몇 만 종에 달함에도 오직 그들은 다섯 가지 직업에만 관심이 있는 것이다. 여학생의 경우, 남학생보다 더 심하여 비율로 보면 5분의 4가 이와 같은 상황이다. 따라서 소수의 직종에만 사람들이 몰려 상황이 악화되는 것이다. 일명 화이트칼라인 사무직까지도 직장에 안정을 느끼지 못하고 정신적 스트레스를 받고 있으며, 특히 법조계나 신문·광고 등의 대중 매체에 종사하려는 사람들도 날이 갈수록 늘고 있다. 이 계열의 직업을 구하려면 아마 보통의 직업을 가질 때보다 몇 배의 노력이 더 필요할 것이다.

셋째, 살아남을 확률이 낮은 직종을 선택하지 마라

예를 들면 보험회사와 같은 경우이다. 매년 천 명이 넘게 생기는 실업자들 가운데 대부분의 사람은 경솔한 판단으로 보험회사에 들어간다. 그러고는 업무에 대한 아무런 정보도 없이 일을 시작한다. 보험회사에서 오랫동안 일해온 A 씨의 이야기를 들려주겠다.

A 씨는 과거 20년 동안 가장 성공한 보험 설계사이다. 그는 보험회사에 들어온 사람 중 100이면 90이 1년도 안 되어서 포기해 버린다고 했다. 나머지 10명 중에서 단 한 사람만이 90명분의 성

과를 올리고 나머지 9명은 10명분의 성과밖에 올리지 못한다는 것이다. 정리해보면 보험 설계사가 되어서 1년 안에 포기할 확률은 10분의 9가 되고 버티게 될 확률은 10분의 1이다. 또 끝까지 버틴다 해도 성공할 확률은 100분의 1밖에 안 되며 그렇지 않으면 간신히 생계를 유지하는 수준에 그칠 것이다.

넷째, 원하는 직종에 대한 전반적인 이해가 필요하다

인터넷으로 다양한 정보를 습득하는 것도 한 방법이겠지만 가장 효율적인 것은 바로 그 직종에 오랫동안 종사한 사람을 만나 조언을 듣는 것이다. 이 방법은 당신의 장래에 중요한 영향을 끼칠 것이다. 혹시 소극적인 성격이라 낯선 사람을 만나 조언을 구하기가 어렵다면 자신과 같은 처지의 사람을 구해 함께 만나는 것도 좋다. 비슷한 연령의 서로 같은 직업을 바라는 사람이라면 금세 둘 사이에 신뢰감이 생길 것이다. 보통 나이가 많은 사람들은 젊은 사람들이 조언을 청하면 대부분 흔쾌히 응한다. 편지나 메일로 약속을 잡을 수도 있지만 내키지 않을 경우에는 사무실로 직접 찾아가는 방법도 있다. 당신에게 도움을 주고자 하는 사람이라면 크게 개의치 않을 것이다. 한 직종에 오랫동안 종사해온 사람을 만난다는 사실은 처음 일을 시작하려는 사람에게 무한한 도움이 되며, 당신에게 그러한 도움을 줄 사람은 찾아보면 무척

이나 많다.

어떤 일을 하기로 결정했다면 시작하기 전에 반드시 일에 대한 여러 가지 정보와 이해가 필요하다. 아무런 정보와 지식 없이 직업을 선택하고 뛰어든다면 평생 동안 실패를 거듭하며 후회할 것이다.

다섯째, 오직 한 가지 일만 해야 한다는 편견을 버려라

자신의 능력을 과소평가하지 말라. 모든 사람은 다방면에서 성공할 가능성이 있으며 이는 당신도 마찬가지다. 물론 다방면의 일에 뛰어들면서 노력이 수반되지 않는다면 그 모든 일에 실패한다는 사실도 유념해야 할 것이다.

044
항상 멀리 바라보는 시각을 가져라

모든 일이 순풍에 돛 단 듯 순조롭게 진행될 수는 없다. 그 과정에는 반드시 난관과 우여곡절이 따르게 마련이다. 그러므로 힘든 시기에 미래를 예측할 수 있는 능력이 필요하다. 현재의 상황은 어렵지만 미래의 자신에게 더 나은 환경을 만들어야 하기 때문이다.

'아! 난 안 돼.'

'난 너무 내성적이라 다른 사람들과 어울리지 못할 거야.'

'내 능력으로는 불가능해.'

주위를 보면 이 같은 말을 자주 하는 사람이 많다. 이런 단정적인 말들이 겸손의 표현이라 할지라도 결국은 스스로 불가능이라는 한계를 만드는 일밖에는 안 된다. 성공의 관건이 자신감인 만큼 이러한 생각으로는 성공을 달성할 수도, 진정한 행복에 이를 수도 없다.

꿈은 인간이 갖는 특권이자 천성이다. 성공한 사람은 모두 꿈의 날개를 활짝 펴 자신이 날고자 하는 방향, 즉 멋진 미래와 인생의 성공을 정한 후 매진한다. 우리는 간혹 꿈을 하찮게 여기는 경우가 있다. 혹은 나이가 들고 나서 꿈의 괴리로부터 벗어나지 못하는 경우도 있다. 그와 관련된 옛날이야기를 하나 들려주고자 한다.

어떤 꼬마가 놀다가 갑자기 매의 둥지를 발견했다. 둥지에 알한 개가 보이자 꼬마는 신이 나 아버지 농장에 가져가 닭장 속에 넣고 부화하는지 보았다. 장난꾸러기의 기대대로 매의 알은 닭장에서 알을 깨고 나왔고 병아리들과 함께 자랐다. 새끼 매는 날마다 농장 주인이 주는 먹이를 먹고 줄곧 자신이 병아리라고 믿으며 지냈다. 어느 날 어미 닭이 '꼬꼬댁' 하며 병아리들을 닭장으로 들어오라고 했다. 병아리들이 당황하며 닭장으로 몰려드는데 갑자기 하늘에서 커다란 매 한 마리가 날아왔다. 새끼 매는 병아리들과 다름없이 사방으로 도망치다가 닭장 안으로 들어갔다. 이일이 있고 난 뒤 새끼 매는 멀리서 배회하는 매의 그림자를 보며 혼잣말로 "나도 저 매처럼 자유롭게 하늘을 날 수 있으면 얼마나 좋을까?" 하고 중얼거리곤 했다. 그럴 때마다 옆에 있던 병아리들은 새끼 매에게 핀잔을 주었다.

"바보야, 넌 병아리일 뿐이야! 절대 높이 날 수 없다고. 그런 헛된 꿈은 꾸지도 마!"

새끼 매가 생각해도 병아리들의 말이 맞는 것 같았다.

그러던 어느 날, 한 조련사가 친구와 함께 농장을 지나가게 되었다. 그러다가 병아리들과 어울려 모이를 쪼아 먹는 새끼 매 한 마리를 보게 되었다. 이를 이상하게 여긴 조련사는 새끼 매에게 나는 법을 가르쳐야겠다고 생각했다. 조련사의 친구는 이미 새끼 매의 날개가 퇴화되어서 힘을 쓸 수 없을 거라며 조련사를 말렸지만 조련사는 고집을 꺾지 않고 새끼 매를 데리고 농장 지붕에 올라갔다. 높은 곳에서 새끼 매를 날려주면 자연히 날개를 펴고 높이 날 것이라고 생각했던 것이다. 하지만 뜻밖에도 새끼 매는 몇 번 날갯짓을 하더니 이내 닭들이 있는 곳으로 떨어져버렸다.

그렇게 며칠이 지났다. 조련사는 끈기를 갖고 새끼 매를 높은 곳으로 가지고 가 날렸으나 그때마다 새끼 매는 오래 버티지 못하고 땅으로 떨어져버렸다. 하지만 시간이 가면 갈수록 새끼 매가 하늘에서 버티는 시간은 조금씩 길어졌다. 한 달이 지나고, 두 달이 지나자 조련사의 손에서 떨어진 새끼 매는 마침내 큰 날개를 펴고 하늘 높이 날아올랐다.

우리 모두가 이 새끼 매처럼 하늘을 날 수 있는 날개와 커다란 꿈을 가지고 있다. 그러나 주위에서 들려오는 말들이 그 커다란 꿈을 조금씩 위축시킨다.

"바보같이 굴지 마!"

"너보다 잘하는 사람은 널리고 널렸어."

이런 말을 들으면서 꿈은 조금씩 위축되다가 결국 사라지고 마는 것이다.

당신의 마음속에 있는 높고 험난한 산을 넘는다고 상상해보라. 산 중턱을 넘어 아래까지 내려가는 모습을 말이다. 어찌 보면 이런 상상이 현실에는 맞지 않을 수도 있지만, 바로 이런 믿음이 인내심을 키워주어 열 번 넘어져도 열 번 일어설 수 있게 해줄 것이다. 또한 당신이 꿈을 향해 끊임없이 노력하도록 용기를 북돋아줄 것이다.

045
성공하려면
철저한 준비와 계산이 필요하다

일을 하기에 앞서서는 분명하고 철저한 계획이 있어야만 순조롭게 진행된다. 일본 유학에서 막 돌아온 K 씨는 일본 음식점을 차리기로 했다. 그는 온 도시를 돌아다니며 가게를 하기에 적당한 장소를 살펴본 후 열 군데를 뽑았다. 그리고 다시 열 곳마다 위치와 환경 그리고 구조 등을 조사해본 뒤 우열을 가려 목록을 만들어 비교하고 최종적으로 세 곳을 가려냈다. 그런 다음 그 세 곳을 두고 여러 가지 조건과 환경을 상세히 분석하고 비교해본 뒤 도표로 만들어 리서치 회사에 시장조사를 위탁했다. 리서치 회사가 실시한 시장조사를 토대로 K 씨는 마지막으로 한군데를 정했다.

다음으로 할 일은 실내 인테리어였다. K 씨는 유명한 인테리어 회사에 실내장식을 맡겼는데, 아주 세밀한 부분까지 자신의 의견을 전달하는 것을 잊지 않았다. 그는 카운터와 주방, 화장실 등 구석구석까지 그냥 넘어가지 않고 자신의 요구 사항을 하나하나 설명했다. 게다가 가게 근처 100미터 앞까지 신경을 써서 꾸밀 정도였으니, K 씨의 세심함과 정성은 인테리어 직원도 혀를 내두를 정도였다. 인테리어 공사가 끝나고 모든 일이 순조롭게 흘러갔지만 K 씨는 마음을 놓지 않았다. 그래서 그는 주위 친구들을 불러 식당의 문제점을 지적해달라고 부탁했다. K 씨는 원래 호탕하고 시원시원한 성격이었지만, 일본에서 몇 년간 지내는 동안 성격이 완전히 변했던 것이다. 완전히 달라진 K 씨를 본 친구들은 그의 꼼꼼한 모습에 몹시 당황했다. 한 친구가 K 씨에게 말했다.

"이 정도면 정말 괜찮은걸. 이제 빨리 가게 문을 열고 장사를 시작해!"

그러나 K 씨의 생각은 달랐다.

"아니야, 정식으로 개업하자면 아직도 일주일은 더 있어야 해. 내일부터 아는 사람을 불러서 공짜로 시식을 시키고 개선할 부분을 물어볼 거야."

"뭘 그렇게까지 해?"

"일본에 있는 식당들은 5분 이상 손님을 기다리게 하지 않았
어. 인테리어나 서비스 면에서도 손님들이 아무런 불만을 갖지
않았고. 그런데 지금 내가 바로 개업을 한다면 얼마나 많은 문제
가 생기겠어?"

"자네, 너무 심각하게 생각하는 거 아니야? 여기는 일본이 아
니라고. 먼저 개업하고 나서 문제가 생기면 그때 가서 다시 고쳐
도 늦지 않아."

"무슨 소리, 일본에서는 '다음에' 라는 말은 없어. 단 한 번의 기
회만 있을 뿐이지. 내가 막 일본에서 생활하기 시작했을 때만 해
도, 나는 일본인 친구들을 볼 때마다 속으로 참 바보 같은 사람들
이라고 생각했어. 무슨 말을 해도 다 믿으니까 속이기가 너무 쉬웠
거든. 그런데 나중에야 알았어. 내가 그들을 한 번 속이면 그 이후
로는 영원히 친구가 될 수 없다는 걸 말이야. 일본에서는 잘못한
사람이 곧장 떠나는 것이 도리거든. '잘못했다', '미안하다, 실수
였어', '다시 기회를 줘, 다음에는 더 잘할 수 있어' 라는 말이 아무
런 소용이 없어. 기회는 단 한 번뿐이고, 다음번은 없는 거지."

K 씨의 말을 들은 친구들은 머리를 끄덕였다. 사실 그다지 대
단하지 않은 규모의 음식점이었지만 그동안 보여준 K 씨의 성실
하고 꼼꼼한 태도에 수긍이 간 것이다. K 씨는 이번이 마지막이
라고 생각했고, 그에게 성패는 단 한 번에 달려 있으므로 다음번

이라는 또 다른 기회는 존재하지 않는다고 여긴 것이다.

가게를 운영하는 주인이 가장 큰 관심을 가져야 하는 부분은 손님의 이익이다. 만약 손님이 편안함을 느낀다면 주인은 가장 간단한 방법으로 성공할 수 있다.

중국의 한 자동차 회사의 사장 장쑹밍 씨가 버스를 판 지는 30년이 다 되어간다. 1949년에 시작해 지금은 BMW, Rolls Royce 등의 외제차를 수입해서 연간 3천 대를 판매하고 있다. 장쑹밍 씨의 세일즈 철학은 다음 세 가지로 요약할 수 있다.

첫 번째는 '정보 수집'이다. 고객에 대한 자료를 수집하는 단계로, 고객의 최근 주소와 수입, 여가 생활, 취미, 출퇴근 시간 등을 꼼꼼히 체크한다.

두 번째는 '고객 설득'이다. 즉, 자동차가 필요한지의 여부를 파악하는 단계이다. 곧바로 구입하려는 고객과 6개월 안에 구입하려는 고객, 1년 안에 구입하려는 고객을 나누고 융통성 있게 시기를 조정하여 구입을 권하는 것이다. 장쑹밍 씨는 고객 이익을 가장 우선시한다는 인식을 심어주는 것이야말로 고객을 설득하는 가장 좋은 방법이라고 말한다.

마지막으로 체크할 것이 '애프터서비스'이다. 상품을 판매하는 것 못지않게 중요한 일이 바로 이 애프터서비스다. 장쑹밍 씨의 통계에 따르면 고객이 한 번 만족하면 열여섯 배의 실적을 올릴 수 있다고 한다. 다시 말해 자동차 한 대를 판 뒤 구매자가 만족한다면 그의 선전과 소개가 남에게 이어져 다른 열여섯 대의 주문서를 추가로 받을 수 있는 것이다. 상품이나 서비스에 대해 고객이 만족하지 않는다면 96퍼센트가 판매자에게 직접적으로 항의를 하지 않지만, 열 명 이상의 주위 사람에게 불만을 털어놓는다. 이 때문에 장쑹밍 씨는 애프터서비스를 매우 중요하게 생각한다. 새로 차를 판 뒤 사흘 안에 회사에서 사람을 보내 검사를 하고 2주 안에 전화로 불편한 사항이 있는지를 상담해준다. 또 한 달 뒤에는 기술자를 보내 무료 점검 서비스를 실시한다. 장쑹밍 씨가 30년간 영업에서 성공한 비결은 바로 이 세 가지를 철저하게 지켰기에 가능한 것이었다.

세일즈의 성패는 사전에 얼마만큼 철저하게 준비를 했는지에 비례한다.

그리스의 아리스토텔레스 오나시스는 좁은 땅조차 차지하지 못할 정도의 가난에서 벗어나 1.5억 파운드의 재산을 소유한 부자가 되었고 세상을 떠나며 5억 달러에 달하는 유산을 남겼다. 처음 담배를 팔기 시작해서 집안을 일으킨 그는 점점 돈을 모아 싼 값에 배를 사들여 부자가 되었다. 오나시스는 영어, 불어, 이태리어, 독일어, 터키어 등 여러 나라 언어에 능통했고, 분석 능력이 뛰어나 만난 사람의 성격을 한눈에 파악했으며 때로는 상대방의 재산까지도 가늠할 수 있었다.

또한 사람들이 놀랄 정도로 뛰어난 기억력을 가지고 있어서 어느 곳을 가더라도 첫 번째 골목에서부터 마지막까지 어떤 가게가 있는지 분명하게 기억했다. 금방 옆으로 지나간 사람의 직업에 대해서도 알아맞히는 재주가 있었으며, 특히 회의를 주재할 때는 비서를 쓰지 않았고 아무런 문서도 가지고 있지 않았지만 뛰어난 언변으로 상대방을 설득해 손해를 입는 일이 전혀 없었다. 많은 사람은 그가 부자가 된 비결을 궁금해했다. 그러던 어느 날 저녁, 10년간 오나시스를 모셨던 하인이 그 비결을 깨달았다.

"저녁 11시쯤, 저는 갑판 위에서 홀로 서성이며 중얼거리는 오나시스 님을 보았습니다. 두 시간 내내 중요한 회의를 주재하시는 것 같았습니다. 혼자 고개를 끄덕이며 긍정도 하고 잠시 멈춰서 대답을 고민을 하다가도 또 화를 내면서 상대방에게 호소를 하는 듯 연습을 하시더라고요. 마치 무대 위에서 연기하는 배우를 보는 것 같았습니다."

그렇다. 오나시스가 성공한 그만의 비결은 바로 상상력을 활용

하는 것이었다. 사전에 미리 연습을 해보고 실전을 충분히 준비
하는 성실함이 그의 가장 강력한 성공 비결이었던 것이다.

046 첫걸음을 내딛는 일

영리한 사람은 목표에 도달하기 위해 해야 할 일의 순서를 정한다. 무슨 일을 먼저 할지 정하고 나면 비교적 빨리 목표에 다가설 수 있기 때문이다. 그러나 안타깝게도 많은 사람이 지나치게 이상적이고 커다란 목표 때문에 쉽게 포기하고 현실에 안주하며 살아간다. 하지만 목표에 도달할 수 있도록 해야 할 일의 순서를 정해놓는다면 쉽게 포기하는 일은 적어질 것이다. 또한 원대한 목표 때문에 생기는 심리적 스트레스도 훨씬 줄어들 것이다.

일전에 백만 달러를 가진 노인에 대한 기사를 신문에서 본 적이 있었다. 놀라운 것은 그 노인이 원래 거지였다는 사실이었다. 한 푼, 두 푼을 구걸하던 사람이 어떻게 큰돈을 가진 부자가 되었을까? 사실 노인은 순식간에 이 많은 돈을 번 것은 아니었다. 적은 액수지만 하루하루 조금씩 모았기에 백만 달러를 가진 부자가 된 것이다. 만약 구걸을 하는 거지가 금방 백만 달러를 갖기 원했다면 그것은 절대로 불가능한 일이었을 것이다. 천 원을 열 장 모으면 만 원이 되고 만 원을 열 장 모으면 10만 원이 된다. 이렇게 조금씩 모은 돈이 큰돈이 되는 것이다.

63세의 어느 할머니는 뉴욕에서부터 걸어서 플로리다에 도착했다. 할머니는 목적지에 도착하기 위해 산을 넘고 강을 건넜다. 그 과정에서 여러 가지 문제가 생겼지만 묵묵히 견뎌냈다. 도착 지점에서 한 기자가 할머니를 만났다.

"험한 여정인데 어떤 생각으로 용기를 내셨나요?"

"한 발을 앞으로 내밀 때는 용기가 필요하지 않지요. 먼 길을 걸어서 올 수 있었던 것도 바로 이런 이치라오. 먼저 한 발을 앞으로 내딛고, 또 다른 발을 내딛고…… 그렇게 여기까지 도착했다고 할 수 있지요."

그렇다. 모든 일은 첫걸음만 잘 내딛으면 그다음부터는 똑같이 한 걸음씩 반복해서 꾸준히 나아갈 수 있는 것이다. 그러다 보면 점점 자신도 모르는 사이에 목표에 가까워질 수 있다. 만약 당신에게 꼭 이루고자 하는 구체적인 목표가 있다면 지금 당장 첫걸음을 내딛는 일이 목표를 달성하는 가장 빠른 방법이다. 그러나 스스로 목표를 세워보지 않은 사람은 결코 성공을 바라서는 안 될 것이다.

　많은 위인이 목표를 정할 때는 단번에 큰 걸음을 걸으려 하지 않고 한 걸음씩 천천히 나아가라고 충고한다. 다이어트를 예로 들어보자. 당신이 10kg을 감량해서 아름다운 몸매가 될 거라고 계획한다면 처음부터 10kg을 빼려고 욕심을 내서는 안 된다. 하루 종일 다이어트에 온 힘을 쏟는 것이 아니라 매일 20분씩 꾸준히 노력하는 것이 중요한 것이다. 다시 말해 큰 목표를 잡았을 때 처음부터 목적지에 도달하려고 무리한다면 성과는 더욱 멀어진다. 그렇게 해서 단시간 내에 성공하지 않으면 정신적인 스트레스만 받을 뿐이며, 악순환만 반복될 것이다. 자신이 당장 달성할 수 있는 작은 목표부터 정하고 나아간다면, 그것을 달성할 때마다 느끼는 성취감과 자신감을 원동력 삼아 결국 최종 목표에 도달할 수 있다.

mentor ● 자신이 현재 충분히 해낼 수 있는 정도의 목표를 매일 꾸준히 노력한다면 작은 목표를 달성한 뒤 큰 목표를 향해 매진할 수 있는 용기가 생긴다.

047
똑똑한 사람이 오히려 실패하는 이유

똑똑한 아이들 중 다른 또래와 자연스럽게 어울리지 못하는 아이가 있다. 성격상 문제이기도 하지만 정작 그들 스스로가 보통의 아이들과 어울리기를 싫어하는 경우가 많다. 자신은 다른 아이들과 다르다고 생각하기 때문이다. 그런 아이들은 자기와 비슷한 수준이라고 생각되는 친구들과 어울리려고 한다. 이런 현상은 우리 사회 속 기성세대들에게서도 흔히 찾아볼 수 있다.

똑똑한 사람은 대부분 자기와 같이 똑똑한 사람들과 어울리길 좋아한다. 사실 똑똑한 사람들이 자기들끼리 어울리려는 현상은 나쁜 게 아니지만, 지나치게 자신의 총명함만 믿고 경험이나 노력에 대해 가치를 두지 않는다면 그것은 큰 문제가 된다.

여러 사람이 함께 일할 때 무엇보다 중요한 것은 다수의 의견을 듣는 것이다. 그러나 소위 똑똑하다고 자부하는 사람들은 대체로 스스로가 남들보다 뛰어나다는 생각에 다른 사람들의 의견을 존중하지 않는다.

어느 대규모 식품 제조 회사의 신임 사장 H 씨는 똑똑하고 능력 있는 사람이다. 최근 이 회사에서는 H 씨가 신상품 프로젝트를 맡아 출시를 했는데 시장에서의 반응이 좋지 않았다. 나중에 안 사실이지만 사장은 신상품 출시에 앞서 부하들이 내놓은 의견을 완전히 무시했다. 사장이 실패한 원인은 바로 여기에 있었던 것이다. 그는 무능한 상사야말로 부하의 의견을 듣는다며 나름대로의 변명을 했지만 그의 사업은 얼마 후 내리막길을 걷게 되었다.

똑똑한 사람은 항상 자신의 선택이 최상이며 자신이 모든 일을 다 안다고 생각함으로써 위험에 빠진다. 결과적으로 지나친 똑똑함 때문에 손해를 입고 후회할 일을 부르는 것이다. 예를 들면 미국의 전 상원의원 캐리처럼 말이다. 캐리는 뉴욕에서 현대 미국 정계의 가장 지혜로운 사람으로 뽑힌 적이 있다. 1987년 민주당 총재 입후보자로 가장 우승이 유력했던 사람이기도 하다. 그런데 당시 그가 불륜을 맺고 있다는 소문이 퍼지게 되었다. 이때 캐리는 신문기자들에게 당당히 마음껏 취재해보라며 자신감에 가득차 있었다.

　그는 자신이 똑똑한 사람이기에 절대로 기자들이 알아내지 못할 거라고 생각했다. 그러나 그의 생각과는 달리 한 작은 잡지 기자가 요트에서 29세의 모델과 함께 껴안고 있는 현장을 찍었다. 잡지 표지에는 캐리와 모델이 요트 위에서 파티를 열어 소란스럽게 노는 사진이 실렸고, 이 사건을 계기로 그는 대통령이 되고자 했던 꿈과 함께 무너졌다. 뒤에 닥칠 결과를 생각하지 않고 경솔하게 처신한 대가였다. 똑똑한 사람들은 이처럼 간단한 이치를 곧잘 무시해서 불행을 부른다. 그리고 크나큰 실수를 통해서만 교훈을 얻는다. 이런 과오를 저지르지 않으려면 남들의 의견에 귀를 기울이고 다른 사람을 안하무인격으로 대하지 않아야 할 것이다.

048 남들이 하지 않는 일을 하라

크게 성공한 사람들의 비결은 바로 실패한 사람들이 하기 싫어하는 일을 했다는 데 있다. 반대로 생각해보면 실패한 사람들의 원인 역시 성공한 사람들이 하기 싫어하는 일을 했다는 데 있다.

미국의 강철왕 앤드류 카네기는 젊은 시절 피츠버그 전신국에서 전신 기사로 일했다. 그 시절 어느 국경일에 카네기는 자신의 삶에서 가장 위태로운 순간을 겪게 된다. 모든 사원이 국경일이라 휴가를 떠나고 그는 당직을 서고 있었다. 갑자기 긴급 전보를 받은 카네기는 놀라서 앉았던 의자에서 벌떡 일어섰다. 긴급 전보의 내용은 바로 근처의 철로에서 화물열차가 궤도를 이탈했다는 것이었다. 다른 열차가 그대로 운행될 경우 이탈한 열차와 충돌할 상황이었기에 바로 상사에게 보고해야 했다. 그러나 상사를 비롯하여 모든 직원이 휴가를 떠난 터라 긴급 전보를 보고할 사람이 아무도 없었다. 그가 당황해하는 순간에도 승객을 가득 태운 열차가 궤도를 이탈한 화물열차의 사고 지점을 향해 가고 있었다. 그는 1초씩 움직이는 시곗바늘을 초조한 눈으로 보면서 잠시 마음을 진정시킨 다음, 상사로 가장하고 각 열차의 조종사에게 화물열차의 사고 소식을 알린 뒤 궤도 변경을 지시했다. 결국 전보를 받은 모든 열차가 궤도를 바꾸고 사고 현장은 복구되어 대형 참사를 막을 수 있었다. 하지만 한 가지 문제가 있었다. 당시 전신국 내의 규정상 전신 기사가 상사의 이름을 도용하여 지시를 내리는 것은 해고 감이었던 것이다. 이 사실을 분명히 알고 있었던 카네기는 다음 날 출근하자마자 상사의 책상에 사직서를 올려놓았다. 소지품을 정리하고 있을 때 갑자기 상사가 그를 사무실로 불렀다. 카네기가 들어서자 상사는 그가 보는 앞에서 바로 사직서를 찢어버리고 어깨를 두드리며 말했다.

"정말 잘했네. 자네가 한 일은 정말로 잘한 일이야. 그만둘 필요 없이 계속 남아서 일해주게. 그리고 한 가지 기억해두게. 세상에는 두 부류의 사람이 발전하지 못하고 제자리걸음을 한다네. 하나는 명령을 들으려 하지 않는 사람이고, 다른 하나는 명령에 무조건 따르는 사람이네. 다행히도 자네는 이 두 부류와는 전혀 상관없는 사람일세."

미국의 애플 컴퓨터는 세계에서 높은 지명도를 가지고 있는 대기업이다. 애플사의 로고는 한 입 베어 먹은 사과 모양인데, 온전한 사과가 아닌 한 입 베어 먹은 모양이기에 그 로고를 보는 사람들은 사과가 맛있다는 생각을 할 것이다. 소비자는 이런 점에서 뜻밖의 매력을 느끼게 되는 것이다. 애플사의 로고가 주는 친밀감으로 인해 소비자들은 프로그램까지 매력을 느끼게 되었다. 그러나 20세기 말 애플사가 전성기를 누렸음에도 불구하고 실무 책임 결정자의 실수로 문제가 생겼다. 문제는 곧바로 세계 소비 시장에 그대로 반영되어 매출이 큰 폭으로 떨어지고 회사는 1996년 일사분기 재정에 6천 9백만 달러에 달하는 큰 손해를 보았고, 1년 6개월 뒤 주가는 땅바닥으로 곤두박질쳤다.

애플사의 문제는 무엇이었을까? 그것은 바로 현실을 고려하지 않은 맹목적인 운영 방식에 있었다. 전 세계적으로 퍼스널 컴퓨터가 유행하는 흐름에 맞추지 못했음은 물론, 기술 면에서도 보수적인 태도를 고수했다. 1976년 스티븐 잡스와 스티븐 워즈니악이 설립한 애플사는 초창기, 특히 1980년대 중반 참신하고 새로운 면모를 보여줌으로써 당시 사람에게 '기적' 이라는 찬사를 듣기도 했다. 또한 그들의 성공 신화는 기술력이 높으면 자기가 원하는 길을 갈 수 있다는 신조를 만들어내기도 했다.

사실 맞는 말이다. 오늘날같이 컴퓨터 없이는 하루도 살 수 없는 시대에서 그에 관련한 기술력이 있다면 그 무엇보다 가치가 있을 것이다. 또한 새로운 기술의 유무도 관건인데, 애플사는 신기술 부분에는 탁월한 성과가 있어 그들의 신조를 지켜나갈 수 있었다. 기술도 뒷받침해주고 있었기에 다른 사람들과 사귀려 하지 않았고 다른 회사들과 교류하지도 않았다. 오히려 타사의 모든 기술을 비웃고 다녔다. 그렇게 1990년 윈도우 3.0이 컴퓨터 시장에 나왔을 때 애플사는 바보 같은 폐물 덩어리라고 비웃었다.

사실을 인정하고 받아들이면 경쟁 상대보다 한발 앞설 기회를 얻을 수 있다. 그러나 애플사는 이 점을 깨닫지 못하고 보수적인 경영으로 스스로 도태되었다. 애플사의 컴퓨터는 인쇄와 출판, 교육면에서는 매우 유용하지만 단지 그 방면에만 유용하기에 한정적이며 국한되어 있었다. 보수적인 입장을 고수하느라 자신의 기술을 타사와 교류하지 않았던 것이다. 그러나 IBM은 이와 달랐다. 회사의 이익을 다른 회사로 옮기고 정보를 교류하며 더 나은 기술을 개발하여 소비 시장을 빠르게 점유해갔고, 그 결과 IBM의 영역은 날로 넓어졌다.

049 자신을 표현하는 기술

직장 생활을 하다 보면 자신을 표현하는 것이 얼마나 어려운 일인지 경험하게 된다. 당신은 평범한 직장인인가? 그렇다면 매일 직장을 다니면서 가장 신경 쓰는 부분은 무엇인가? 만약 급여나 휴가와 같은 개인을 위한 일뿐이라면 조금 생각을 바꿀 필요가 있다. 회사를 이끌어가는 경영자는 직원 개개인이 가진 능력을 중요시하고 그들을 항상 주시한다. 직원 하나하나의 역량이 모여 회사의 미래를 좌우할 수 있기 때문이다. 따라서 우리는 사소한 문제들에 집착하기보다는 자신의 능력과 재능을 얼마나 잘 표현할 수 있을 것인가에 초점을 맞춰야 한다. 만약 당신이 남들보다 높은 학력도, 뛰어난 재능도 없다면 어떻게 그 수많은 경쟁자를 제치고 자신의 능력을 발휘할 수 있을까? 경쟁에서 이기려

면 풍부한 지식이 필요할 뿐만 아니라 자신을 표현하는 기술도
필요하다.

다음은 직장 내에서 효과적으로 자신을 표현하는 네 가지 기술
이다.

첫째, 독창성을 보이되 상사를 존중하라

대부분의 상사는 시키면 시키는 대로 일을 처리하는 부하 직원
을 좋아한다. 하지만 상사가 엄격하고 빈틈없이 일하는 사람이라
면 부하 직원이 자기를 도와 더 나은 아이디어를 내서 일을 순조
롭게 진행시키기를 바랄 것이다. 따라서 자신의 독자적인 의견을
좀 더 구체화할수 있는 부하 직원에게 더 좋은 대우를 해줄 것이
다. 단 이런 상황에서 반드시 주의해야 할 점이 있다. 바로 상사
의 의견에 대해 존중을 표현하는 것이다. 자신의 의견이 뛰어나
다는 자만심으로 상사의 실수를 지적한다거나 거만한 태도를 보
인다면 아무리 독창성 있는 의견을 갖고 있다 한들 도움이 되지
않을 것이다.

둘째, 한계를 두지 말고 신중하며 겸손하라

기존의 낡은 방식을 깨뜨리고 그 일의 수준을 한 단계 더 끌어
올릴 수 있는 좋은 방법이 있다면 자신이 직접 나설 것이 아니라

먼저 상사와 의논하는 것이 현명하다. '세 명이 함께 길을 가면 그 가운데 반드시 스승이 있다'라는 말이 있다. 즉, 당신이 미처 파악하지 못한 점이나 생각지 못한 부분이 있을지도 모를 때, 상사는 분명 당신의 의견을 전체적으로 검토해주고 보충해줄 것이다. 설령 상사가 보충해주는 부분이 옳지 않다고 생각되더라도 그 자리에서 바로 반대하거나 무시해서는 안 된다. 왜냐하면 당신은 결국 그 상사 밑에서 일하는 사람이기 때문이다. 당신이 상사보다 직위가 높은 사람들과 접촉할 기회는 매우 드물다. 따라서 당신의 의견을 보다 높은 사람들에게 관철시키기 위해서는 먼저 당신의 직속 상사의 의견부터 존중해야 한다.

셋째, 충분히 생각하고 배우려는 자세를 가져라

모든 일에는 저마다 빠르고 쉬운 방법이 있다. 그러나 대다수의 사람들이 기존 방식과 다른 방법에 대해서는 생각해보지 않고 매일 기존의 단순한 방식으로 업무를 반복적으로 하고 있다. 여유를 갖고 조금만 시간을 투자해 생각해본다면 더 나은 방법을 찾을 수 있을 것이고, 만약 그 방법이 의심할 여지없이 회사의 이득이 된다면 주위의 여러 동료뿐만 아니라 상사에게도 주목을 받을 것이다. 또한 꼭 자기가 맡은 임무가 아니더라도 열심히 배우려는 자세를 가져야 한다. 자신도 모르는 사이에 자신의 능력이 회사에 더 나은 가치를 창조하기 위해 이용되고 있을지 모르기 때문이다.

　넷째, 자신의 업무에만 갇혀 있지 말라

　지금 당신이 하고 있는 일에 익숙해졌다면 보다 더 중요한 일을 할 수 있도록 업무의 범위를 넓혀보라. 물론 이 방법은 주위 사람들의 반응에 각별히 신경 써야 한다. 잘못하다가는 남의 영역을 침범하여 남들에게 '남의 밥그릇을 빼앗는 사람'이라는 인상을 줄지도 모르기 때문이다. 또한 능력이 부족한 상사가 이렇게 느낀다면 당신을 적으로 삼을지도 모른다. 다시 말해 '남들과 나누어 먹어도 되는 빵을 갖지 말라'는 뜻이다.

050 친구와 경쟁하는 방법

현대사회에서는 다른 사람뿐만 아니라 친구 사이에도 경쟁이 치열하다. 그렇다면 어떻게 해야 이 치열한 경쟁에서 살아남을 수 있을까? 또 어떻게 해야 경쟁 관계에 놓인 친구와 사이좋게 지낼 수 있을까? 우선 자신의 실력과 재능을 보여줘야 한다. 또한 그 분야의 가장 유망한 사람을 가까이에 두고 그와 함께 좋은 관계를 유지하며 능력을 최대한 이끌어내야 한다.

한 예로, J 씨와 O 씨는 함께 회사에 들어온 입사 동기이다. 그들은 서로 우열을 논할 수 없을 정도로 막상막하의 실력을 가지고 있었다. 다른 점이 있다면 J 씨는 국장의 외동딸이었고, O 씨는 회사에서 아무런 연줄이 없다는 것이었다. 이 때문에 J 씨는 고위 인사들의 주목을 받았지만 O 씨는 그렇지 못했다. O 씨는 항상 J 씨와 함께 일을 처리했고 J 씨 역시 O 씨와 함께 일하는 데 합심해서 열심히 했다. 한 예로 11만 볼트의 고압전선이 깔린 길에서 현장 설치를 해야 했는데 다른 직원이 손을 놓고 있을 때 J 씨와 O 씨는 밤 늦게까지 도면을 보며 함께 고민하여 설계했다. 그들은 밤늦게까지 일하고도 날이 밝아오면 또 땀에 흠뻑 젖을 정도로 열심히 뛰어다니며 일을 처리해 원래 완공일보다 훨씬 일찍 공사를 끝낼 수 있도록 했다. 이런 성과를 올려 J 씨와 O 씨는 회사에서 표창을 받았다. 일찍이 O 씨의 친구는 그녀에게 J 씨와 함께 일하지 말라고 충고했다. J 씨의 아버지가 고위 간부이기에 그녀를 도와 함께 공을 세운다 해도 아무런 득이 없을 것이라고 생각했기 때문이었다.

O 씨는 친구에게 말했다.

"정말 대단한 것은 J 씨의 능력과 인품이야. 당신 말대로 J 씨의 아버지는 고위 간부지만 정작 그녀는 아버지에게 전혀 의지하지 않아. 오히려 자신이 가진 실력만 믿을 뿐이지. 안 그렇다면 어떻게 11만 볼트의 고압전류가 흐르는 곳에서 일을 할 수 있겠어. 또 만약 스스로 능력이 없다면 설령 아버지가 누구라 해도 고위 간부들이 그녀를 돌봐줄 수 없었을 거야. 능력이 없는 사람에게 어떻게 미래가 있겠어. 나도 지금 그녀에게 실력을 키우는 방법을 배우고 있는 중이야. 또 J 씨가 일단 승진하면 자기와 함께 일했던 사람들과 여전히 일하고 싶어 할 거야. 일을 할 때는 편하고 익숙한 사람과 함께하는 게 능률도 오르니까 말이지."

과연 그녀의 말처럼 두 사람은 함께 힘을 합쳐 큰 성과를 올렸고 결국 고위 간부들도 J 씨를 통해 O 씨의 능력을 조금씩 주목하기 시작했다. 두 사람의 능력은 점점 높은 평가를 받았고, J 씨가 부장으로 승진하자 O 씨도 차장으로 승진했다. J 씨는 속으로 만약 O 씨의 도움 없이 혼자의 힘으로 일을 했다면 이만한 성과를 올리지 못했으리라 생각했다. 머지않아 회사에서는 O 씨를 다른 부서의 부장으로 이전 승진시켰다. 이렇게 O 씨의 지위는 한층 더 높아졌지만 J 씨와의 관계는 나빠지지 않았다. 무슨 일을 진행하든 두 부서가 한마음으로 협력했기에 능률은 나날이 배가되었다.

능력이 있는 사람은 평소 인간관계를 소홀히 하지 않는다. 겉으로 보면 크게 드러나지 않지만 자신에게 협력이 필요할 경우 친구들이 금방이라도 달려올 수 있게 우정을 두텁게 쌓아두어야 한다. 무엇보다 자신의 능력을 발휘하는 것이 우선이지만, O 씨의 경우처럼 상황이 여의치 않을 때는 동료와의 협력을 통해 능력을 발휘하는 것도 좋은 방법 일 것이다.

> mentor ● 협력해서 일한다는 것은 부하에게 명령해서 일을 처리한다는 말이 아니다. 협력에는 서로 간의 분명한 의견과 독특한 견해가 필요하다. 만약 한쪽에서 다른 이의 의견을 따르기만 하는 관계가 지속된다면 협력의 결과는 결코 좋지 못할 것이다.

051 능동적으로 이야기하라

　대화는 인간관계의 기본으로 이것이 순조롭게 진행되면 일을 더욱 원활하게 처리할 수 있다. 따라서 대화 능력은 매우 중요하다.

　어떤 사람은 익숙한 길을 가듯이 대화하는 데에 아무런 문제를 느끼지 않지만, 또 어떤 사람은 무슨 말을 해야 할지, 또 누구에게 어떤 이야기를 해야 할지 몰라 난감해한다. 여기에 바로 많은 사람이 고민하는 문제가 있다. 생활 속 대화의 중요성은 분명히 알고 있지만 실제로 요령을 몰라 허둥대는 경우가 많다는 점이다. 이는 현실에서 누구나 가지고 있는 문제점이라 할 수 있다.

　젊은 사람들은 항상 정해놓은 몇몇 사람들과 함께 점심을 먹고 퇴근 후 갖는 술자리에서도 똑같은 친구들과 함께한다. 물론 마음에 맞는 친한 친구들과 모여서 밥을 먹고 술을 마신다면 어느 순간보다 편안한 시간을 보낼 수 있다. 하지만 이렇게 편한 자리만 고집한다면 늘 똑같은 인간관계만을 맺으며 교제의 폭을 넓혀가기 어렵다. 즉, 자신이 만든 울타리 속에 갇혀 있느라 울타리 밖의 다른 사람을 만날 기회를 놓치게 되는 것이다. 또한 사람들을 만나서 아무 말도 하지 않고 그저 앞에 놓인 음식만 먹으며 주위 사람들과 어울리지 못하는 사람 역시 여러 사람과 사귈 좋은 기회를 놓쳐버린다. 스스로 먼저 적극적으로 말을 걸고 자연스럽게 대화에 참여하면 지금까지 모르고 있던, 혹은 이해하지 못했던 세계를 향해 한 걸음 더 다가갈 수 있다. 이로써 한 단계 더 발전하고 성장할 수 있는 것이다. 그렇다면 어떻게 해야 사람들과 원활하고 자연스러운 대화를 할 수 있을까?

상대의 태도는 자기 태도의 거울이라는 말이 있다. 누구나 살면서 '상대가 나를 싫어하는 게 아닐까?' 하는 느낌을 받을 때가 있는데, 실제로 그런 생각을 하기 시작했을 때부터 당신은 상대를 싫어하게 될 것이다. 마찬가지로 상대도 당신이 싫어한다는 느낌을 받게 된다면 두 사람의 관계는 원활해지기 힘들다. 이런 상황이 되면 먼저 능동적으로 나서서 오해를 풀어야 한다.

> **mentor** ● 상대방에 대해 호감을 갖고 그 호감을 능동적인 대화로써 표현하라.

052 상사에게 의견을 제시하는 원칙

상사에게 자신의 의견을 피력하기 위해서는 어떻게 해야 할까? 이 문제는 상사를 둔 사람이라면 누구나 고민하는 문제이다.

매사추세츠에 살고 있는 P 씨는 두뇌 집단인 브레인트러스트의 회원이다. 그녀는 회사에서 뛰어난 성과를 올렸지만 승진을 하지 못했고, 참다못해 결국 상사와 싸우게 되었다. 훗날 그녀는 당시의 상황을 회상하며 다음과 같이 말했다.

"정말 그때는, 상사도 저도 서로 한 치의 양보도 없었어요. 긴장된 분위기에서 몇 번 말다툼을 하다가 결국에는 얼마 못 가서 그 회사를 나와버렸죠."

정말 안타까운 것은 회사를 그만둔 것보다 P 씨가 상사와 이야기할 때 지켜야 할 기본 원칙을 지키지 않았다는 것이다. 그것이 바로 그녀가 상사와의 싸움에서 쉽게 패배하고 결국 퇴사까지 해야 했던 이유다. 기본 원칙을 지켜야 한다는 말은 절대로 상사와 싸우지 말라는 말이 아니다. 부하의 입장에서 본다면 무조건 찬성하며 끄덕이기보다 찬성하지 않는 부분에 대해 상사에게 더 나은 방향을 제시하는 편이 좋다. 무조건 상사의 비위만 맞추고 매번 아무런 반론도 하지 않는다면 잠시 동안은 괜찮겠지만 멀리 내다 봤을 때 효율적인 일이 아니다. 시간이 지나면 오히려 그런 당신을 무능력한 직원으로 여길 것이다. 그러면 어떻게 해야 상사와의 마찰 없이 자신의 견해를 피력할 수 있을까? 다음 몇 가지 규칙을 살펴보자.

첫째, 적당한 시기를 선택하라

상사에게 자신의 생각을 관철하고 싶다면 먼저 상사의 기분이 어떤지를 살펴보는 게 중요하다. 만약 상사가 한가한 시기라면 언제든 이야기해도 되겠지만 어떤 일을 마무리하고 있는 단계라면 다음 기회를 엿보는 게 좋다. 과중한 업무로 인해 심리적으로 스트레스를 받고 있는 상황이라면 더더욱 멀리해야 한다. 점심을 먹고 난 후나 차 한 잔 마시며 휴식을 취할 때 방해하는 것도 좋지 않다.

둘째, 먼저 화를 가라앉혀라

만약 당신이 잔뜩 화가 난 상태에서 상사를 찾아가 이야기한다면 당신의 분노가 그대로 상사에게 옮을 것이다. 따라서 무턱대고 찾아가 설득하려 할 것이 아니라 자신부터 평정심을 찾아야 한다. 상사의 입장에서 보면 상사에게 혹은 회사에 불만이 있는 부하의 의견은 아무리 옳고 참신하다 해도 납득하기 어렵기 때문이다.

셋째, 논쟁점에 대해 분명히 설명하라

서로 무슨 말을 하는지 이해하지 못한다면 논쟁은 점점 심각해질 수밖에 없다. 자신의 의견을 피력하고 싶다면 보다 간단명료하게, 즉 일목요연하게 말해야 한다.

넷째, 문제점이 아닌 해결책을 건의하라

일반적으로 건의하고 싶은 의견이 있다면 아마 상사 역시 염두에 두고 있었을 것이다. 따라서 즉각 효과를 볼 수 있는 게 아니라면 섣불리 건의하지 말라. 만약 상사가 당신의 의견을 듣고 당장은 아니지만 해결하는 데에 참고가 될 만하다고 여긴다면 그것은 괜찮다.

다섯째, 경영자 혹은 상사의 입장에서 생각하라

상사를 설득할 때 좋은 관계를 유지하고 싶으면 상사가 받는 스트레스와 목표를 생각해보라. 만약 당신이 상사의 입장에서 문제를 바라보고 해결하려 한다면, 충실한 동료가 될 수 있을 것이다. 그렇게 되면 자연히 당신과 상사의 이익이 동일시되어 공동의 목표를 달성하는 데에 도움이 될 것이다.

053 유명 인사와 사귀는 방법

　　신문이나 방송 같은 대중 매체의 발달로 인해 오늘날에는 과거에 비해 유명 인사가 훨씬 많아졌다. 어쩌면 당신이 저녁 반찬을 사러 시장에 갔을 때나 세금을 내러 은행을 갔을 때 우연히 유명 인사를 만날지도 모른다. 만약 당신이 유명 인사를 만났다면 당신은 어떻게 하겠는가? 일반적으로 사람들은 크게 두 가지 상반된 반응을 나타낸다. 하나는 속으로 '저 사람에 비하면 나는 너무 평범해. 어떻게 내가 저 사람을 귀찮게 하겠어?' 하고 생각하고 그를 스쳐간다. 한편 유명 인사를 반가워하면서 다가가 말을 거는 사람도 있다. 당신이 처음 대면하는 유명 인사에게 자연스럽게 이야기를 시작할 수 있다면 상대는 분명 당신을 좋아할 것이다.

다음은 유명한 사람과 사귈 때 도움이 되는 방법들이다.

첫째, 만날 기회가 있다면 절대로 놓치지 말라

유명 인사에게 말을 건네는 일은 귀찮거나 번거로운 일이 아니다. 당신이 그에 비해 평범하고 초라하게 느껴진다고 해서 이야기 나누는 것 자체를 두려워해서도 안 된다. 왜냐하면 유명한 사람일수록 더욱 사람들의 관심과 주목을 받고 싶어 하기 때문이다. 만약 당신이 아는 체도 안 하고 가만히 있는다면 상대는 오히려 실망할지도 모른다. 그러나 우리는 그들의 심리를 곧잘 오해한다. 유명 인사이기에 사람들에게 받는 지나친 관심을 싫어할 거라는 생각에 친분을 쌓을 수 있는 좋은 기회를 쉽게 놓쳐버리고 마는 것이다. 따라서 혹시라도 기회가 생겼다면 간단한 몇 마디라도 걸어보라. 물론 최대한의 예의를 갖추어야 함은 당연하다.

유명 인사와 이야기할 때는 평범한 사람을 만날 때보다 더욱 신경 써야 한다. 만약 식사를 하고 있거나 휴식을 취하고 있을 때 당신이 말을 시킨다면 심한 결례가 될 것이다. 또 얼굴 가득 피로가 쌓여 있다면 간단한 인사말을 나누고 난 뒤 대화를 끝내는 게 좋다. 당신이 이 같은 배려를 보인다면 상대는 당신의 따뜻한 마음에 감사하게 생각할 것이고 나아가 호감을 갖고 다가설 것이다.

둘째, 자연스럽게 접근하라

자연스럽게 유명 인사에 대한 당신의 존경심을 보여준다면 아무리 대단한 사람이라 해도 쉽게 이야기를 시작할 수 있을 것이다. 간혹 평소 그다지 좋아하지 않는 사람임에도 유명세가 있다는 사실에 호기심을 갖고 입에 발린 칭찬을 하는 사람도 있다. 그러나 당신은 다른 사람과는 다르게 행동하는 차별성을 보여주어야 한다. 예컨대 가식적인 말들을 늘어놓는 것보다 차라리 얼굴에 미소를 띠고 있는 편이 낫다. 진심이 담기지 않은 과장된 칭찬을 늘어놓는 것은 말하는 사람에게도 듣는 사람에게도 피차 피곤한 일이다.

우리 주위에서 가장 흔하게 보이는 실수는 바로 열성 팬이 자신이 좋아하는 우상에 대해 잘못 기억하는 경우이다. 즉, 작곡가에게 그가 작곡한 곡이 아닌 다른 사람의 곡을 착각해 훌륭하다고 칭찬하거나 베스트셀러 작가가 아닌데 그렇게 알고 말하는 경우, 혹은 배우에게 출연하지 않은 영화에서 멋진 연기를 보여주었다고 찬사를 보이는 것 등이 바로 이런 경우이다. 말하는 당신은 모르고 지나칠지도 모르지만 상대편은 정말 난감하고 기분 나쁘게 받아들일 것이다.

대개 시인이나 소설가 혹은 음악가처럼 자신의 창작물로 유명해진 사람들은 사회의 주목에서 벗어나기 힘들다. 때문에 예술가

들은 종종 쉽게 입을 열려고 하지 않는다. 그렇지만 그들이 침묵한다고 해서, 또 말수가 적다고 해서 기분 나빠할 필요는 없다. 지나치게 과도한 애정이나 관심을 보이는 것은 오히려 역효과가 나겠지만 상대를 충분히 고려해서 조심스럽게 행동한다면 따뜻하고 우호적인 느낌을 줄 수 있을 것이다.

셋째, 화제를 신중하게 생각해서 골라라

유명 인사와 이야기를 나눌 때는 당신이 그에게 관심을 갖고 있다는 사실을 알게 해주는 주제가 가장 좋다.

"아침에 일어날 때 힘들지 않으세요?"

"요즘 근황이 어떠세요?"

이런 화제는 당신이 항상 상대를 생각하고 있다고 느끼게 한다. 유명 인사에 대한 당신의 관심이 세심하게 곳곳까지 미친다고 느낀다면 상대는 분명 기뻐할 것이다. 만약 유명 인사에게 자녀가 있다면, 이야기의 주제를 자녀로 돌리는 것이 화술에 성공하는 가장 확실한 방법이다. 가령 다음과 같은 말들로 자연스럽게 대화의 물꼬를 트는 식이다.

"자녀가 몇 명이세요?"

"몇 살이죠?"

"공부는 잘하나요?"

"말은 잘 들어요?"

"그 나이가 참 예쁠 때지요."

당신에게 자녀가 있다면 상대와의 공감대를 이끌어가기가 더 쉬울 것이다.

여기서 보다 발전된 대화는 상대의 자녀를 당신의 자녀와 비교하면서 칭찬을 해주는 것이다. 자녀와 관련된 이야기는 무엇이든 좋다.

또한 대화를 할 때는 지나치게 어두운 이야기나 본인에게만 해당되는 일을 주제로 삼아서는 안 된다. 본인의 가정에 생긴 갑작스러운 변화나 질병 등은 상당히 개인적인 이야기이기에 상대의 공감을 얻어내기 힘든 주제이다.

이 밖에 유명 인사의 독특한 취미를 주제로 삼을 수도 있다. 신문이나 잡지 등을 통해 그런 부분을 미리 알아둔다면 보다 원활한 대화를 이끌어갈 수 있을 것이다.

넷째, 자신의 감정을 표현할 수 있는 이야기를 하라

유명한 사람도 결국은 우리와 같은 인간이다. 때문에 그들 또한 우리가 알지 못하는 고통을 받고 있을 것이다. 따라서 유명 인사를 만났을 때 그를 보통 사람과 같이 생각하고 당신이 어떤 생각과 감정을 가지고 있는지 표현하는 것이 중요하다. 사실 어떤 사람은 당신보다 훨씬 예민해서 쉽게 상처받고 쉽게 부끄러할지도 모른다. 그런 사실을 모르고 유명한 사람이라고 해서 애초부터 그들에게 선입관을 갖는 것은 대화를 이끌어가는 데 아무런 도움이 되지 않는다.

다섯째, 유치한 실수를 저지르지 말라

유명한 사람이라고 해서 전부 자기가 하는 일을 좋아하는 것은 아니다. 이런 사람을 만났을 때는 필히 구체적으로 상대가 가진 직업, 취미에 대해 어떻게 생각하는지 알고 있어야 한다. 특히 다음 두 가지 사항을 주의하라.

우선 경솔하게 아는 척해서는 안 된다. 가령 미술에 대해 지식도 없으면서 유명한 화가에게 추상파가 어떠하다는 등, 인상파가 어떠하다는 등의 이야기를 한다면 자신의 얕은 지식만 탄로 나고 관계에는 아무런 진전이 없을 것이다.

다음으로는 같은 직종 혹은 같은 분야에서 성공한 다른 사람에 대해 많은 이야기를 하지 말라. 사실 주변의 많은 사람들이 이와 같은 실수를 저지르고 있다. 아무 생각 없이 같은 분야이기에 같은 화제라고 생각하기 때문일지 모르지만, 상대에게는 분명한 실례인 것이다. 오직 상대와 관련된 이야기, 상대와 관련된 성공을 화제로 삼는 것이 좋다.

스무살과 서른살 사이에

1판 2쇄 발행 2014년 11월 15일
편저 강준린 **펴낸곳** 북씽크 **펴낸이** 최석원
주 소 서울시 성동구 행당동 192-29 성동샤르망 1019호 **전 화** 070-7808-5465
등록번호 제206-86-53244 ISBN 978-89-967688-4-5 **이메일** bookthink2@naver.com
Copyright ⓒ 2014 강준린

＊잘못된 책은 구입처에서 교환해 드립니다